Der Autor

Oliver S. Schulz ist Senior Partner der Tecmacon GmbH (Technical Marketing & Consulting).
Bereits während des Studiums der Betriebswirtschaftslehre in Aachen regte er einen Verbund selbständiger Berater aus den Bereichen Vertrieb und Marketing an. Basierend auf dieser Organisation wurde Anfang 2001, zusammen mit seinem heutigen Mitgesellschafter, die Tecmacon GmbH gegründet. Zuvor lebte er im Rahmen des Studiums, während Praktika und vor allem auf Grund des diplomatischen Engagements seiner Familie die meiste Zeit seines Lebens im Ausland, unter anderem in Asien oder den USA.

Das Buch

Dieses Buch gibt einen praxisrelevanten Einblick in die Realisierung der Verkaufsförderung mittels des Dialog-Marketings. Hierbei werden tiefgehende Einsichten gewährt und alle Kapitel mit Beispielen aus der Praxis unterlegt. Egal ob eine interne oder externe Lösung angestrebt wird, dieses Buch schafft Transparenz. Weiterhin konzentriert es sich ebenfalls auf elementare Grundvoraussetzungen, wie beispielsweise der Akzeptanz bei Unternehmen und Mitarbeitern.

Angewandte Wirtschaftsliteratur

Verkaufsförderung Praxis

Im Dialog mit dem Kunden zum Erfolg

Angewandte Wirtschaftsliteratur

Oliver S. Schulz

Deutsche Erstausgabe

Herstellung: Books on Demand GmbH, Norderstedt

Oliver S. Schulz, 2003, Aachen
www.senos.de – Service Network Oliver S. Schulz

Feedback and Discussions: info@senos.de

Cover-Illustration: Marc Kiecok · www.kiecok.de

Printed in Germany

ISBN: 3-8330-0286-7

Die Rede ist eine Zwiesprache, bei der einer spricht und die Anderen hörend mitreden.

Wer dieses hörende Mitreden nicht begreift, ist nicht rednerisch veranlagt.

Friedrich Naumann
Publizist und Politiker

Wer glaubwürdig sein will, muss den ständigen Dialog suchen.

Heinz Goldmann
Kommunikationstrainer

Vorwort

Die zweiseitige Kommunikation - tragende Kraft in der Verkaufsförderung – wird nun schon seit einiger Zeit als wichtigstes Element eben dieser betrachtet. Die Verkaufsförderung im direkten Dialog mit den Kunden ist und war schon immer *die* tragende Säule dieses komplexen Prozesses. Das klassische Telefon-Marketing ist längst in aller Munde und genügend Unternehmen beschäftigen sich mit der Materie. Dieses Buch geht aber den entscheidenden Schritt weiter: Es behandelt vor allem das Dialog-Marketing in der Verkaufsförderung. Wie sie sehen werden, besteht hier ein großer Unterschied zu den klassischen Werkzeugen.

Dieses Werk soll somit einen tiefgehenden Einblick in die neue Generation des Dialog-Marketings und der Implementierung dessen geben. Wichtig ist, dass nicht einfach nur Vorzüge aufgezeigt werden, sondern dass das Thema mit der „betriebswirtschaftlichen Brille" betrachtet wird. Ein holistischer Ansatz des Diskussionsgegenstandes wird hier gegeben und ist speziell auf Führungskräfte und Umsetzer von Dialog-Marketing Konzeptionen gemünzt.

Wer einmal in den Vereinigten Staaten studiert hat, kennt sicherlich auch den Ausdruck der Betriebswirtschaft als „dismal science". Dies bezieht sich auf die schwierige Beweismöglichkeit in empirischen Studien. Diese Schwierigkeit gibt unzähligen Autoren und Lektoren die Möglichkeit, eine Vielzahl von abstrakten Publikationen zu veröffentlichen, deren Gegenstand schwer verständlich ist. Dieses Buch geht den Weg in die entgegengesetzte Richtung und gibt somit anhand von Beispielen aus der Praxis Einsicht in praktikable Strategien, Methoden und Denkweisen - und das alles in einer lebenden Sprache.

Ich wünsche Ihnen viel Informationsfreude beim Lesen und freue mich ebenfalls auf Diskussionen zu diesen Themen.

Ihr

Oliver S. Schulz
Atlanta (USA) im Januar 2003

Inhaltsverzeichnis

II. Grundlagen

In vielen Gesprächen mit Kunden, Mitarbeitern und Vorgesetzten stellt sich immer wieder heraus, dass eine Grundlage an Definitionen und Begrifflichkeiten unabdingbar ist. Sinn dieses Buches ist es, eine praktische Unterstützung im Tagesgeschäft zu bieten und als eine Grundlage guter Planung zu dienen. Somit sollten folgende Definitionen eine Basis zum Verständnis bilden.

A. Zweiseitige Kommunikation

Dass die Kommunikation Grundlage allen Handelns ist, ist kein Geheimnis mehr. Mit dieser Weisheit lassen sich auch keine Bücher mehr verkaufen. „Man kann nicht *nicht* kommunizieren“[1]. Im Zusammenhang mit Verkaufsförderung steht Kommunikation umso mehr im Mittelpunkt. Dies ist vor allem der Fall, da extrem viele Kommunikationskanäle zu befriedigen sind und alle verschiedene Ansprüche haben. Das Unternehmen muss seine interne Mitarbeiterkommunikation abstimmen, die Kommunikation des Kunden verstehen und seine interne Verständigung auch extern koordinieren, nämlich an Kunden, Lieferanten und Kapitalgeber.

Während in der Verkaufsförderung oftmals die einseitige Kommunikation gewählt wird, beispielsweise Prospektmaterial oder Webpräsenzen, so ist die zweiseitige Kommunikation weitaus förderlicher. Der Dialog bringt Einsichten in die Einstellungen und Bedürfnisse des Marktes und der Kunden.

Die einseitige Kommunikation kann als Push-Kommunikation betrachtet werden, die zweiseitige Kommunikation als Push-Pull Interaktion. Dies bezieht sich auch auf die Kommunikationskonflikte: Während in der einseitigen Kommunikation keine Feedbackmöglichkeit gegeben ist, so ist der Dialog die einzige Möglichkeit, den Ansprechpartner zu Wort kommen zu lassen.

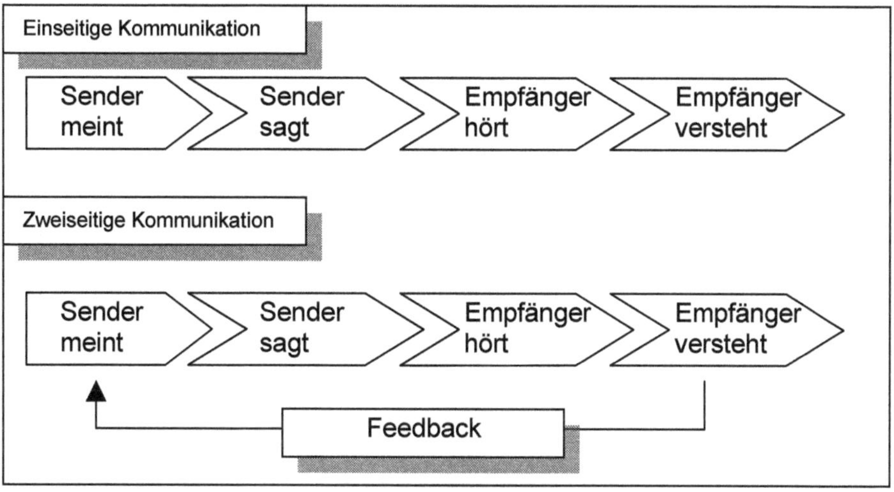

Abbildung 1: ***Ein- und Zweiseitige Kommunikation***

Selbstverständlich geht diese Kommunikation mit den üblichen Konflikten einher. Auch das Feedback enthält die so genannte Ver- und Entschlüsselung mit den allseits bekannten Problematiken.

Erkenntlich wird die wesentliche Bedeutung der Zweiseitigen Kommunikation und des Dialogs, auf welche sich dieses Buch konzentriert.

B. Verkaufsförderung als Geschäftsfeld

Die Verkaufsförderung hat viele potentielle Ausrichtungen und kann als Teil des Marketingmixes oder auch als Oberbegriff für den Marketingmix gesehen werden. Angefangen bei den konventionellen Medien bis hin zu den neuen Medien stehen dem informierten Marketing Manager oder der Geschäftsführung eine Vielzahl von Möglichkeiten zur Verfügung.
Es ist essentiell, die Verkaufsförderung nicht nur als Mittel zum Zweck zu betrachten, sondern dass man beginnt, diese Möglichkeiten zu einem umfassenden Geschäftprozess, bzw. Geschäftsfeld zu bündeln und zu verstehen.

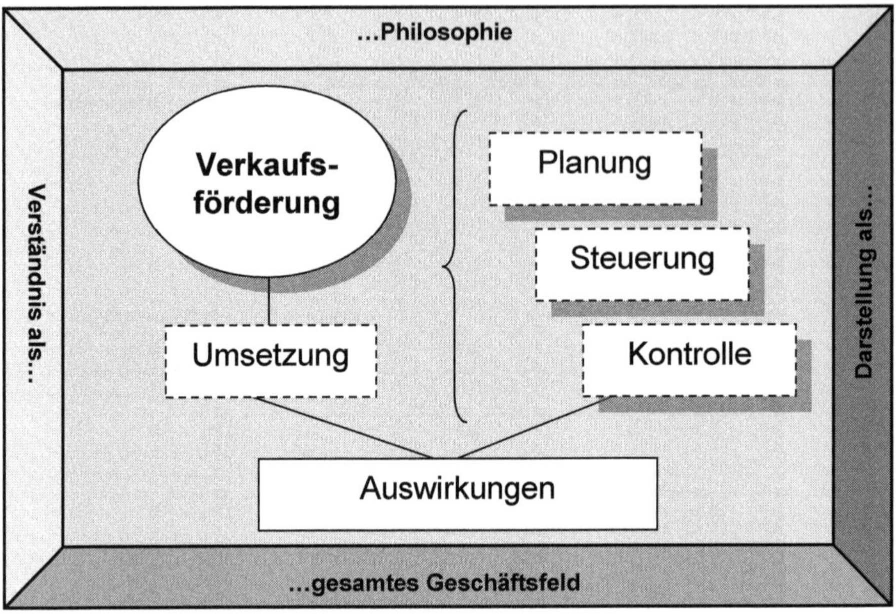

Abbildung 2: ***Betrachtung des Prozesses als Gesamtbild***

Als wesentlich kann somit die Betrachtung der Verkaufsförderung als eigenständiges Geschäftsfeld erachtet werden, welches jedoch in einer Vielzahl von Fällen mit mehreren Personen aus verschiedenen klassischen Geschäftsfeldern besetzt ist.

Die markantesten Bereiche, welche sich die Verkaufsförderung teilen, sind Vertrieb und Marketing. Dem Vertrieb wird oftmals eine Fokussierung auf den Point of Sale zugesprochen. Somit kann angenommen werden, dass dieser Bereich mit dem Dialog zum Kunden am vertrautesten ist.

Die Verkaufsförderung sollte somit nicht nur als Bindeglied zwischen Vertrieb und Marketing verstanden werden: Die Bedeutsamkeit als eigenständiges Geschäftsfeld sollte sich in den Köpfen der Entscheidungskräfte verankern.

III. Verkaufsförderung im Dialog

Erst nachdem diese ganzheitliche Betrachtung verstanden ist, kann man sich der Umsetzung zuwenden. In der Umsetzung besteht eine Vielzahl von Methoden. Man spricht auch von der Marketingkonzeption. Unter dem Begriff Marketingkonzeption wird in Anlehnung von Becker ein umfassender gedanklicher Entwurf verstanden, der sich an der Leitidee und bestimmten Zielen orientiert und grundlegende Strategien wie auch notwendige operative Handlungen in einem schlüssigen Plan zusammenfasst[2].

> Beeinflussend bei der Marketingkonzeption ist die Marketingumwelt, welche speziell durch die Unsicherheit in der Fällung von Marketingentscheidungen geprägt ist.
> Komplexität und Umweltdynamik haben somit zur Folge, dass Marketingentscheidungen von hoher Unsicherheit geprägt sind[1] - Komplexität drückt sich in der Anzahl und Heterogenität jener Umweltfaktoren aus, die bei Marketingentscheidungen zu berücksichtigen sind. - Umweltdynamik beschreibt die Häufigkeit, Stärke und Diskontinuität, mit der Umweltveränderungen auftreten.
> Ziel sollte es sein, durch den Dialog Unsicherheiten zu minimieren und die Umwelt besser kennen zu lernen!

Die Marketingstrategie ist dabei als langfristiger, globaler Verhaltensplan zur Erreichung der Unternehmens- und Marketingziele zu sehen[3].

Anbei folgt ein Auszug der möglichen und wohl bekanntesten Werkzeuge, welche zur Durchführung der Marketingkonzeption benutzt werden. Diese Werkzeuge sind somit auch Mittel der Verkaufsförderung, wobei die Öffentlichkeitsarbeit (PR) ausgelassen wurde, da diese ein weiteres umfangreiches Geschäftsfeld darstellt.

• Werkzeug	• Maßnahme	• Kritik	• Vorteil
Printmedien	Anzeigenschaltung Broschürendruck Informationsprospekte Handzettel	Einseitige Kommunikation	Gut geeignet um eine erste gemeinsame Informationsbasis zu schaffen
CD-ROM (ohne personelle Unterstützung)	Informations-CD Demo CD Test-Version	Größtenteils einseitig bis auf so genannte interaktive Bestandteile	Gut um einen ersten Eindruck zu vermitteln; Multimediale Darstellung
Web-Präsenz	Internetseiten	Ist ebenfalls bis auf interaktive Möglichkeiten nur einseitig.	Kostengünstige Möglichkeit, sich multimedial vorzustellen. Feedbackmöglichkeit über Foren, Newsgroups und Email.
Außendienst	Kann mit multimedialer Präsentation unterstützt werden	Akzeptanz muss sowohl vom Kunden als auch vom Vertriebsmitarbeiter gegeben sein. Teuer.	Der Vertriebsmitarbeiter ist immer noch die beste (aber auch teuerste) Verbindung zum Kunden
Email-Mailing	Einfaches versenden von standardisierten Massen-Emails. Mit Hilfe von CRM Tools eventl. personalisiert	Einseitige Kommunikation, unpersönliche Ansprache und niedrige Response	Extrem kostengünstig (80% günstiger als Post-Emails)[4], sehr hohes Kontaktvolumen
Post-Mailing	Kann mit Demo CDs unterstützt werden	Einseitige Kommunikation und sehr niedrige Responsequote	Hohes Volumen an Kontakten kann erreicht werden
Call-Center	Massentelefonate mit möglichst vielen Kontakten	Unqualifizierte und oberflächliche Gespräche, können unkompetenten Eindruck hinterlassen	Ebenfalls hohes Volumen mit größerer Response
Dialog-Marketing	Tiefgehende Individualgespräche mit Entscheidungsträgern	Kontaktvolumen deutlich niedriger als Mailing oder Call-Center, Informationsorganisation muss gewährt sein.	Direkte und kompetente Ansprache des Entscheidungsträgers mit individuellen Gesprächen

Tabelle 1: ***Auszug der möglichen verkaufsfördernden Werkzeuge***

Schnell wird aus dem Auszug der Möglichkeiten ersichtlich, dass die **direkte und persönliche Ansprache** die erfolgreichste Methode für die Eruierung der Bedürfnisse und Einstellungen der Kunden ist. Es gibt jedoch stets zwei Punkte, die Zweifel aufkommen lassen. Zum einen die Kompetenz und Transparenz, die ein Dialog-Marketing Mitarbeiter aufbringen muss und zum anderen die Frage der Finanzierbarkeit. Der erste Punkt ist der Schwierigere. Kapitel V wird näher auf die verschiedenen Kriterien eingehen. Der Punkt der Rechenbarkeit wird in Kapitel VII versucht zu klären.

Der besondere Vorteil der Verkaufsförderung im Dialog liegt in dem persönlichen Bezug, der zu den potentiellen Kunden hergestellt wird. Hierzu sind kommunikative Kompetenzen wichtig. In Kapitel V, A wird näher auf das Profil eines solchen Kommunikators eingegangen. Durch den persönlichen Bezug wird eine Identifikation mit dem Unternehmen und den Mitarbeitern hergestellt. Dies ist besonders dann interessant, wenn Marketing Berater über die so genannte „Corporate Identity" sprechen. Gerne wird hierbei sehr viel Zeit und Mühe auf originelles Geschäftspapier, einheitliche Broschüren oder vor allem (und immer wieder gerne zu teuer bezahlt) die eigene Web-Präsenz angeführt. Dass es aber die Mitarbeiter sind, die diese Identität ausstrahlen, wird vielerorts womöglich kaum beachtet.

Diese Identifizierung müssen die Mitarbeiter bereits bei dem ersten Kundenkontakt ausstrahlen. Im Falle des Vertriebs ist es der Außendienstmitarbeiter, im Falle des „ersten Telefonats" die Zentrale oder das Sekretariat. Diese Menschen stehen, größtenteils leider unbewusst, bereits im Dialog mit diesem Kunden. Dies ist der Dialog, der bei dem Kunden eine positive oder negative Atmosphäre und Einschätzung des Unternehmens generiert. **Die ersten Ansätze der Verkaufsförderung im Dialog sind somit die Steigerung der *Dialog-Awareness* derjenigen, die im ersten Kontakt mit dem Kunden stehen.** Dies kann durch umfassende Schulungen geschehen, bei vielen Mitarbeitern ist dieses Bewusstsein aber auch schon vorhanden und muss nur noch erweitert werden. Im schlimmsten Fall geschieht diese Erweiterung durch den Kunden selber. Dann meistens mittels einer Beschwerde.

Der umsichtige Ressortleiter wird allerdings Wert darauf legen, dass seine Mitarbeiter dementsprechend professionalisiert sind. Dies wiederum führt uns zu Kapitel VI führt, denn in vielen Unternehmensebenen ist dieser Kompetenzbereich ungeklärt.

Der aufmerksame Leser wird feststellen, dass die Verkaufsförderung im Dialog zu allererst im Dialog mit den eigenen Mitarbeitern stehen muss. Nun haben es einige Leser unter Ihnen einfacher als andere: Sie sind Geschäftsführer oder Entscheidungsträger. Hier fallen Entscheidungen leicht und die Brisanz der Thematik kann in eigens einberufenen Meetings geklärt werden und ein eigener Prozessablauf kann generiert werden.

Leser, welche hierarchisch nicht mit Entscheidungsgewalt ausgestattet sind, können sehr schnell an Grenzen stoßen. Denn im deutschsprachigen Raum ist der Dialog zwar gefördert, aber leider noch nicht kultiviert. Dies zeigt auch ganz klar die Literatur, die es in Deutschland zu diesem Thema gibt: *Wenig*. Es gibt überteuerte Bücher für so genannte Call-Center Agents und noch teurere Ausbildungen.[5] Wie jedoch Gespräche geführt werden sollten, oder was typische Gesprächsketten sein können, lassen diese Bücher und Ausbildungen meist völlig offen. In manchen Ländern ist dies anders. In den USA beispielsweise gibt es unzählige Bücher zum Thema *Sales* und diese bieten eindeutige praktische Tipps. Zu empfehlen wäre beispielsweise „One-to-one for Sales Professionals“[6], welches auch im Literaturverzeichnis aufgeführt wird. Im Anhang finden sich auch Auszüge angelehnt an eben dieses Buch.

Doch auch wenn die Dialogfreude im Unternehmen nicht immer die größte ist, ist es an jedem selber, die ersten Schritte in diese Richtung zu tätigen.

A. Dialog-Marketing

Erfreulicherweise nimmt der Dialog im Bereich Verkaufsförderung immer mehr eine Schlüsselposition ein.

Man kann grundlegend diese beiden Dialog-gestützten Vertriebsformen unterscheiden:

- Face-to-Face Verkaufsförderung
- Telefonische Verkaufsförderung

Dieses Werk wird sich vornehmlich auf die telefonische Verkaufsförderung konzentrieren.

Während Ende des letzten Jahrtausends noch vielerorts auf Mailings gesetzt wurde, so hat sich der Dialog immer mehr in den Vordergrund gearbeitet. Anfang 2000 entwickelte sich eine wahre Call-Center Kultur, die leider auch viele schwarze Schafe geboren hat. Speziell die wirtschaftlichen Anreize, welche Länder wie Irland oder Portugal in Aussicht gestellt haben, zog die Call-Center Unternehmen geradezu magisch an. Mittlerweile hat sich die Übereifrigkeit gelegt, denn viele Unternehmen haben gelernt, dass das diesen Unternehmen angehangene „Guten Tag, haben Sie mal 5 Minuten Zeit, ich hätte da drei Fragen“ kontraproduktiv ist. Statt Klasse setzen leider noch viele dieser Call-Center auf Masse, weshalb auch die klare Unterscheidung zwischen Call-Center und Dialog-Marketing getroffen werden muss.

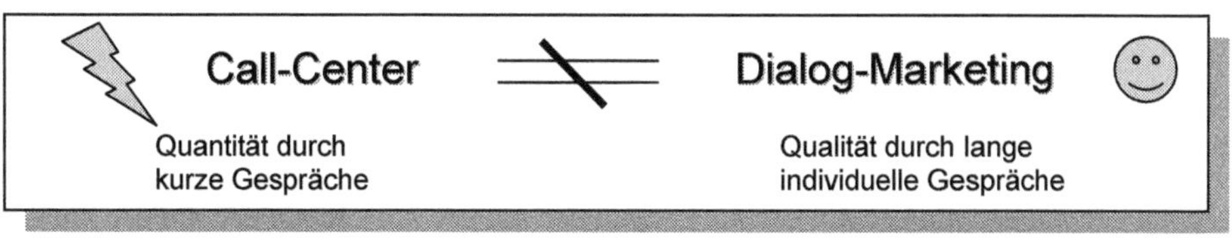

Abbildung 3: ***Differenzierung zwischen Call-Center und Dialog-Marketing***

Wenn man also über die Verkaufsförderung im Dialog nachdenkt und darüber spricht, muss man sich der Definition des Dialoges im Bereich des Marketings und des Vertriebes im Klaren sein. Hier ein Vorschlag für eine Definition:

Dialog-Marketing ist die individuelle, von Gesprächsdauer und subjektiven Absichten unabhängige, primär auf Kundenwünsche und sekundär auf Unternehmensabsichten zielorientierte zweiseitige Kommunikation zur Förderung der Unternehmens-, Geschäfts-, Verkaufs- oder persönlichen Beziehungen und der dadurch resultierenden Steigerung des Images und/oder des Bedürfnisses der Ansprechpartner nach den vertretenen Produkten oder Dienstleistungen.

Die Ausrichtung auf den Kunden führt zugleich zu einer Steigerung der Qualität. Wie auch aus dem nächsten Unterkapitel hervorgeht, steht das aktive Zuhören und der Diskurs zwischen dem Ansprechpartner und Anrufenden an vorderster Stelle.

Aus den Gesprächen dieser Art ergeben sich mehrere Ergebnisse und wichtige Informationen. Diese Informationen sind meist der eigentliche Wert der Gespräche. Denn diese geben einen Einblick in die Einstellungen und Bedürfnisse der Ansprechpartner. In einigen Fällen werden auch persönliche Informationen preisgegeben. Diese können von dem privaten Urlaubsziel bis hin zu Unternehmensinterna in Form von „persönlichen Einschätzungen“ rangieren.

Ein Auszug an möglichen eruierbaren Informationen geht aus dem folgenden Schaubild hervor.

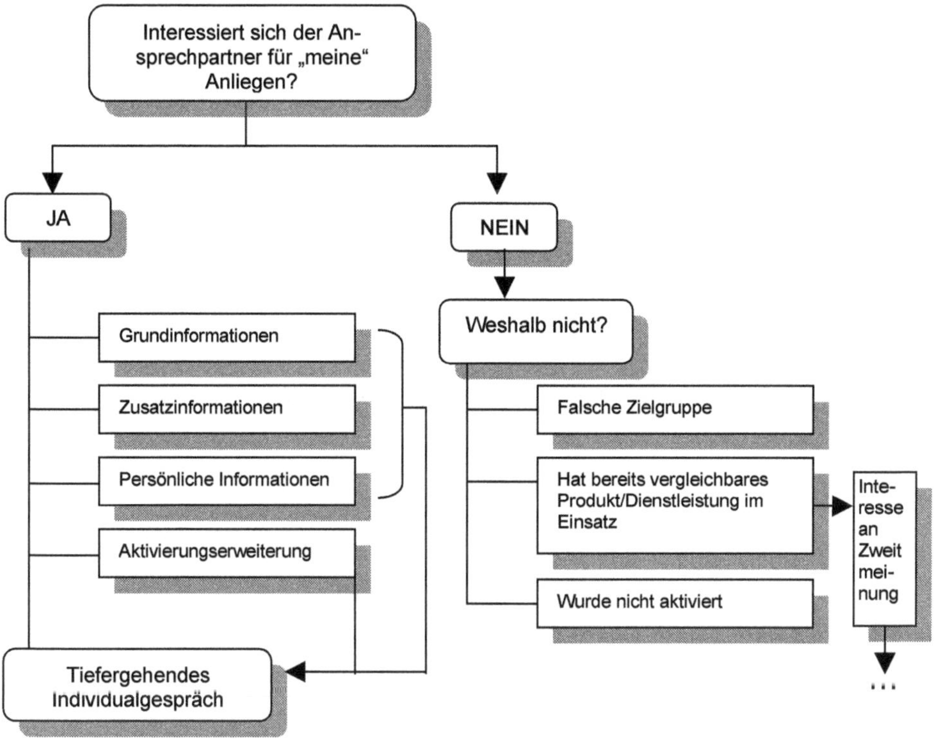

Abbildung 4: ***Informationsgewinnung im Erstgespräch***

_Grundinformationen	auch Stammdaten genannt. Name, Position, korrekter Ansprechpartner für Anliegen Ist der Ansprechpartner aktiviert? Was wünscht er sich?
_Zusatzinformationen	Gesprächsfördernde Informationen. Wissenserweiternde Informationen. Beispielsweise: „Wer ist noch für dieses Anliegen Ansprechpartner?" oder „Welche weiteren Ressorts bedürfen ähnlicher Projekte"
_Persönliche Informationen	Was denkt der Gesprächspartner? Was ist seine persönliche (oft auch firmeninterne) Einschätzung oder Meinung? *Weiterhin:* Sind Urlaube oder sonstige persönliche Aktivitäten geplant?
_Aktivierungserweiterung	Ist der Kontakt in der richtigen Gesprächsverfassung um das Gespräch auf die nächste Ebene zu wechseln? Entwickelt sich das Gespräch zu einem verkaufsfördernden Gespräch?
_Tiefergehendes Gespräch	Wenn die Grundvoraussetzungen zu einem tiefergehenden Verkaufsgespräch gesetzt sind, kann das weitere auf der Aktivierungserweiterung aufbauende Gespräch fortgeführt werden.

Tabelle 2: ***Informationsgewinnung im Erstgespräch – Erklärung***

Somit können im Dialog verschiedene Bereiche abgedeckt werden und Informationen - nicht nur für die Verkaufsförderung - sondern auch für Unternehmensbereiche wie Service, Produktmanagement oder Organisation, eruiert werden.

B. Aktiviertheitsgrad

Wichtig in diesem Zusammenhang ist, immer das Gespräch zu fördern, den Kunden zu fühlen und den Dialog nicht in eine Fragestunde mutieren zu lassen. Der Kunde muss bereit sein für ein Gespräch und für die Informationen, die man von ihm erlangen will.

Diesen Zustand des Kunden kann man auch „Aktivierung" oder „Aktiviertheitsgrad" nennen. In der folgenden Darstellung soll ein Gespräch einmal schematisiert werden. Die Gesprächsdauer beruht auf Erfahrungswerten und soll beispielhaft verstanden werden. In der nachfolgenden Tabelle werden der Aktiviertheitsgrad und dessen Auswirkungen kurz beschrieben.

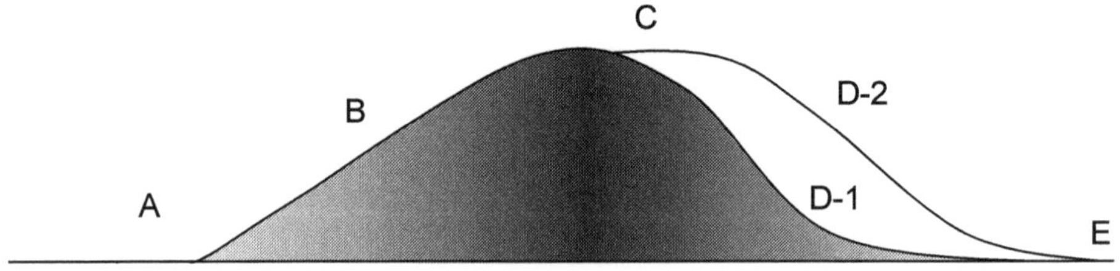

Abbildung 5: ***Aktiviertheitsgrad des Ansprechpartners***

	Zeit (Sek.)	Wahrscheinliches Empfinden
A	0-5	Ansprechpartner ist nicht aktiviert: Er fühlt sich im besten Falle überrascht im schlimmsten Falle gestört durch die Kontaktierung. Somit entscheidet sich in den ersten Sekunden, ob der Ansprechpartner aktiviert werden kann.
B	5-30	Mit einem guten Einstieg wird das Interesse des Ansprechpartners geweckt. Es liegt eine Kontaktierung vor, die ihn interessiert - die ihn dazu verführt, aktiv zu werden, etwas zu sagen oder im Sinne des Gespräches zu handeln.
C	31-140	Ansprechpartner hat einen Peak-Level erreicht. Ihn interessiert die Thematik und er wünscht seine Meinung zu äußern und sein Empfinden mit einfließen zu lassen.
D-1	141-200	Der Ansprechpartner verliert das Interesse an einem weiteren Gespräch, eventuell auch deshalb, weil er unter Zeitdruck steht. *Positiver Verlauf:* Er wünscht sich Informationsmaterialien oder macht einen weiteren Telefontermin aus. Eventuell wünscht er sich bereits eine detaillierte Beratung durch einen Techniker oder Vertriebsmitarbeiter. *Negativer Verlauf:* Der Ansprechpartner entscheidet, dass ihn die Thematik nicht weiter interessiert. Ein Relaunch des Gespräches ist möglich, wahrscheinlicher ist jedoch die Abmachung, noch einmal in Kontakt zu treten / treten zu dürfen.
D-2	141-n	Der Ansprechpartner möchte tiefergehende Informationen *Positiver Verlauf:* Der Ansprechpartner ist derart aktiviert, dass er mehr erfahren möchte (Aktivierungserweiterung). Ein verkaufsfördernder Termin, eine weitere Beratung oder eine Geschäftsmöglichkeit ist greifbar. *Negativer Verlauf:* Der Ansprechpartner versucht den Anrufenden „auszuhebeln“ Hier macht sich die kommunikative Kompetenz besonders bemerkbar, da auch in diesem „Test“ ein positiver Ausgang möglich ist.
E	Ende	Das Gespräch geht zu Ende. Hier lohnt es sich, noch einmal Stammdaten zu vergleichen (Buchstabierung des Namens, Position oder Anzahl der Mitarbeiter). *Wichtig ist eine Vereinbarung,* wie man verbleibt (wann und wie man wieder in Kontakt tritt)

Abbildung 6 (Zusatz): ***Aktiviertheitsgrad des Ansprechpartners***

Nun wäre es sicherlich von Vorteil, wenn man die Aktivierung des Ansprechpartners visuell während des Gespräches darstellen könnte, hierfür sind Erfahrungen und Soft-Skills unabdingbar. Der erfahrene Führer des Dialogs hat eine Sensibilisierung für die Aktiviertheit des Ansprechpartners. Ein interessantes Buch zu möglichen Gesprächsabläufen wurde bereits genannt[3].

Die Aktiviertheit sollte im Dialog-Marketing stets an erster Stelle stehen, da nur ein aktiver Gesprächspartner für einen Dialog bereit ist. Die Aktiviertheit lässt sich in der oben dargestellten Abbildung ablesen und kann in fünf wichtige Teilbereiche zusammengefasst werden.

Gesprächsabschnitt A
Hier gilt es, den Ansprechpartner zu aktivieren, da er noch nicht aktiviert ist. Dies wird in der Gesprächsphase B näher behandelt. Wichtig ist der Eindruck der in diesen „5 Sekunden" entsteht. Der Anrufer muss in diesen ersten Sekunden schon das richtige Bild vom Ansprechpartner gewinnen, um sich kurzfristig auf eine Strategie für den Abschnitt B zu entscheiden.

☺ Im besten Fall ist der Ansprechpartner gut gelaunt.
Dies lässt sich an der **Stimme**
(= z.T. hoch, schwunghaft und fließend),
an der Art und Weise wie er sich **meldet**
(z.B. mit freundlicher Grußformel)
und der **Geschwindigkeit der Begrüßung** erfassen.

😐 In den meisten Fällen ist der Ansprechpartner indifferent.
Da der Anruf sicherlich nicht der erste des Tages ist, sind die meisten Ansprechpartner gleichgültig. Hier ist die Aktivierungsleistung am größten, denn die Ansprechpartner hören nur „mit halben Ohr" zu.

☹ Interessant wird es, wenn der Ansprechpartner „schlecht" gelaunt ist.
Denn er ist entweder aktiviert (Anrufer fällt ihm negativ auf, Unternehmensname bewirkt Ärgernis, etc.) oder möchte gar nicht aktiviert sein (hat schlechte Laune). Die Gespräche können zu einem guten Ende gebracht werden, wenn Ersteres der Fall ist. Hat er lediglich schlechte Laune, so empfiehlt es sich, eine Vereinbarung für eine erneute Kontaktierung zu finden.

Dem ersten gewonnenen Eindruck entsprechend muss der Anrufende entscheiden, welche Taktik oder Strategie er verfolgt. Strategien gibt es eine Vielzahl, diese sollten jedoch immer individuell erarbeitet werden (siehe auch Kapitel X. Anhang).

Gesprächsabschnitt B

In diesem Teil des Gespräches wird es interessant. Denn nun gilt es, den Ansprechpartner weitergehend zu aktivieren. Dies gelingt mit einem guten Einstieg. Für einen guten Einstieg gibt es allerdings leider keine Zauberformel. Beispiele für einen schlechten Einstieg gibt es dagegen zuhauf:

- „Haben Sie einmal fünf Minuten Zeit, ich hätte da drei Fragen“
- „Würden Sie gerne 20% Ihres Budgets sparen?“
- „Herr XY, sagen Sie, haben Sie Interesse an…“
- etc.

Wer mit diesen Phrasen seinen Ansprechpartner aktiviert bekommt, muss wahrscheinlich eine Vorabüberweisung auf das Konto des Ansprechpartners tätigen. Denn ansonsten rufen diese Sätze nur das Gefühl „Was will der eigentlich von mir, dafür habe ich jetzt keine Zeit“ hervor. Auch wenn es keine Zauberformel für einen guten Einstieg gibt, ist ein erstes Signal für den falschen Einstieg die Frage „Was wollen Sie denn nun eigentlich verkaufen?“. Dieses Signal muss man ernst nehmen, denn der gewandte Rhetoriker kann dieses Gespräch noch zu seinen Gunsten lenken, indem er eine gute Antwort hat.

Dem fachkundigen Leser wird sofort einfallen, dass es sich empfiehlt, den Kunden zu spiegeln oder eine Identifikationsmöglichkeit zu bieten.

> **Tipp**
> Niemals eine Frage mit einer Gegenfrage beantworten.
>
> **Beispiel:**
> F: „Was wollen Sie eigentlich verkaufen?“
> A: „Wieso, was benötigen Sie denn?“
> *Lieber erst einmal abwehren und weiter aktivieren!*

Ein Beispiel hierfür wäre es zu sagen: „Glauben Sie mir: Ich erhalte auch am Tag so meine 10-20 Anrufe, die mir von Hydropflanzen bis hin zu Wein-Abonnements alles verkaufen wollen. Hier geht es aber nicht um so ein Gespräch...." – Es empfiehlt sich auch, dem Ansprechpartner zu vergegenwärtigen, dass man mindestens so beschäftigt ist, wie er selbst (Spiegeln oder Identifikationsmöglichkeit bieten).

Eine gute Grundsatzphilosophie ist es, dem Ansprechpartner das Gefühl zu geben, als wäre es das einzige Gespräch, das man am Tag führen möchte. Man hat Zeit und Muse, sich auf ein Gespräch einzulassen. Diese Entspanntheit ermöglicht dann auch einen guten Einstieg und eine gute Atmosphäre.

Gesprächsabschnitt C

Sollte man den Ansprechpartner soweit gebracht haben, dass er aktiviert ist, so sollte man dies ausnutzen. Hier ist Glück ein entscheidender Faktor: Hat der Ansprechpartner gerade Zeit, seinem Interesse nachzukommen, so lässt sich der Abschnitt D verlängern. Dieser Abschnitt der höchsten Aktiviertheit muss ausgenutzt werden, um die Kernthematik unterzubringen. Hier entscheidet es sich, ob es zu einem Termin oder einer Zusammenarbeit kommen wird. Es entscheidet sich auch, ob der Ansprechpartner weiter interessiert ist – und natürlich, ob der Ansprechpartner für die Anliegen des Verkaufsförderers geeignet ist. Es kann durchaus vorkommen, dass ein interessierter und aktivierter Ansprechpartner nun entscheidet, dass das Thema doch nichts für ihn ist. Den Grund für diese Entscheidung gilt es zu eruieren, denn hier können brisante Informationen gewonnen werden (z.B. gibt es einen Ausgabestopp oder ist die Konkurrenz bereits sehr stark vertreten). Das Gespräch über diese Gründe kann wiederum zu einem „Relaunch" des eigentlichen Gespräches führen. Man kann sich über eine weitere Thematik unterhalten, so lange man den roten Faden nicht verliert und wieder auf das eigentliche Interessengebiet zu sprechen kommt. Dies ist meist auf Sympathie aufgebaut und ermöglicht den weiteren Gesprächsablauf.

Gesprächsabschnitt D

In diesem Abschnitt findet die Verhandlung statt. Man spricht über Wesentliches und sieht, wie man beidseitige Interessensgebiete abdeckt. Hier „findet man auch zueinander", das soll heißen, man schafft das Fundament für weitere Vereinbarungen, die auf der Basis der Sympathie entstehen. Sympathie kann bedeuten: Wohlgefallen an der Person (Vertrieb), an dem Unternehmen oder an dem angebotenen Konzept. In diesem Abschnitt sollte der Ansprechpartner nicht überrascht oder mit unzusammenhängenden Gedankensprüngen konfrontiert werden. Beispielsweise sollte der Redefluss nicht mit so genannten Stammfragen, wie beispielsweise nach Mitarbeiterzahl oder Position und Funktion im Unternehmen, gestört werden.

Gesprächsabschnitt E

Im Gesprächsabschnitt E wird das Ende der Diskussion gefunden und diese mit einer Vereinbarung abgeschlossen. Vereinbarungen können von dem Entschluss nie wieder anzurufen bis hin zu einer Terminvereinbarung rangieren. Auch wenn das Gespräch ein jähes Ende nimmt, beispielsweise schon in Abschnitt B oder C zu E überwechselst, ist eine Vereinbarung unabdingbar. Beispielsweise sollte hier die Vereinbarung, den Gesprächspartner nicht weiter zu stören und zu einem anderen Zeitpunkt zu kontaktieren, getroffen werden.

Ziel und Kunst ist es somit, die Aktiviertheit des Ansprechpartners auf ein Peak-Level zu maximieren und zu halten. Ähnlich des AIDA-Konzeptes als Werbewirkungsmodell, gilt es eine Action zu bewirken. Eine Verkaufsförderung, welche im Dialog stattfindet, ist auf der Aktiviertheit des Ansprechpartners fundiert und kann nur mit dem richtigen Verständnis für den aktuellen Gesprächs- und Geisteszustand wirklich zweiseitig stattfinden. Man muss sich in den Gesprächspartner „fühlen" – sich in ihn hineinversetzen. Nur dann kann ein aussichtsreicher Dialog geführt werden.

IV. Strategische Betrachtung

Die Verkaufsförderung im Dialog verfolgt ganz klar langfristige strategische Ziele. Je nach Ausrichtung des Unternehmensgegenstandes kann der Dialog genutzt werden. Letztendlich ist aber aus den vorherigen Kapiteln erkennbar, dass der Dialog die Kundenbeziehung fördert und eine persönliche Vertrautheit herstellt. Klassische strategische und langfristige Unternehmensziele sind beispielsweise*:

- Marktstellungsziele (Marktführerschaft ausbauen)
- Kundenbezogene Ziele (Servicegrad erhöhen)
- Unternehmensbezogene Ziele (Unternehmensgröße ausdehnen)
- Standortbezogene Ziele (Internationalisierung anstreben)
- Produktbezogene Ziele (Produktspektrum erweitern)

Selbstverständlich ist jedes dieser Ziele mit dem Kunden verbunden. Das eine mehr das andere weniger, aber alle fordern die Beziehung zu den Kunden.

So ist doch beispielsweise der Ausbau der Marktführerschaft nichts anderes als die Erweiterung des eigenen Kundenstamms. Der Servicegrad, im Sinne der Kundenbetreuung, ist der eigentliche Dialog zu dem Kunden. Eine Ausweitung des Produktspektrums erfordert eine ausgewogene Kommunikation zu dem Kunden: Denn der Kunde schätzt nicht immer Neuerungen oder „Ablöser“ im Produkt-Sortiment. Auch Ziele wie das Unternehmenswachstum müssen mit dem Dialog verbunden sein: Dem Kunden muss beispielsweise mitgeteilt werden, wenn personelle Umbesetzungen stattfinden.

---

* Weitere Ziele sind beispielsweise Finanzielle Ziele, Rentabilitätsziele oder Soziale Ziele

Basierend auf den klassischen Unternehmenszielen, werden folgende Hauptpunkte der Verkaufsförderung, welche die strategische Planung des Unternehmens beeinflussen, hergeleitet:

- Neukundenakquisition
- Langfristige Kundenbindung
- Marktanteilssicherung
- Image

Diese Punkte werden im Folgenden besprochen. Selbstredend gibt es noch weitere Punkte, welche durch den Dialog diese Ziele beeinflussen. So beispielsweise der interne Dialog des Unternehmens oder Optimierung der logistischen Prozesse durch den Dialog. Die Hauptfaktoren, die jedes auf Profit ausgerichtete Unternehmen* beeinflusst, sind die bereits bestehenden Kunden und die potentiellen Kunden.

A. *Wer ist der Kunde?*

Eine wichtige Frage in der Verkaufsförderung ist tatsächlich: *„Wer ist der Kunde?“* Nicht immer ist dies auch gleichzeitig der Endabnehmer. Ein Beispiel aus der Verkaufsförderung ist die Zusammenarbeit mit Distributoren. Wenn das Marketing sich neue Strategien überlegt, dann müssen nicht nur die Endabnehmer berücksichtigt werden, sondern auch die Akzeptanz der Wiederverkäufer muss miteinbezogen werden. Somit stellt sich die Frage nach dem Kunden oftmals viel zu selten. Wer ist der Kunde einer Marketingabteilung, der Einkaufsabteilung oder von der Kunde selbständiger Handelsvertreter? Ist einer der Kunden von Handelsvertretern beispielsweise auch der Auftraggeber?

---

* Und auch sog. Non-Profit-Organisations benötigen Kunden

Weitere interessante Fragen nach dem Kunden beziehen sich auf folgende Beispiel-Fälle:

- Wer ist der Kunde der Marketingabteilung eines Konzerns?
    - Die Geschäftsführung?
    - Der Vertrieb?
    - Der Endabnehmer?

  Hier sind viele Möglichkeiten richtig.

- Wer ist der Kunde einer PR-Agentur?
    - Die Redaktionen oder die Journalisten?
    - Das darstellende Unternehmen?
    - Potentielle Kunden (z.B. die Leser)?

Die Frage nach dem Kunden ist in jedem Fall vor der Planung strategischer Ziele zu erarbeiten. Letztendlich sollte diese Frage auch in die Konzeption der Zielgruppe und des relevanten Marktes mit einfließen.

B. Stetiger Neukundenzuwachs

Durch den Dialog - und in diesem Falle speziell das Dialog-Marketing - kann das Volumen an neu akquirierten Kunden maximiert werden. Denn anders als in einseitig kommunizierenden verkaufsfördernden Maßnahmen wird hier eine Beziehung zu den potentiellen Kunden aufgebaut. Hier entsteht etwas, welches auch als „gute Chemie“ verstanden werden kann, da der Kunde sich auch zu einem gewissen Grade auf den Dialog zu dem Unternehmen einlässt. Es entstehen somit wirkliche Beziehungen zwischen den potentiellen Kunden, dem Unternehmen und dessen Repräsentanten.

Wie diese Beziehung aufgebaut wird, zeigt der folgende Kontaktierungszyklus.

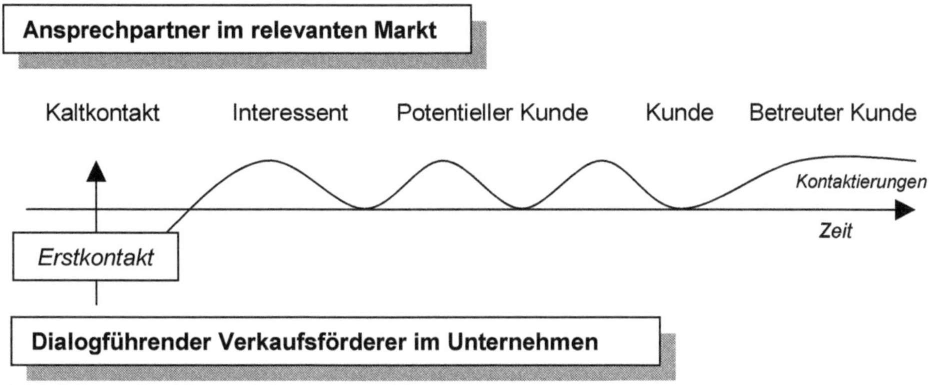

Abbildung 7: ***Kontaktierungszyklus***

Beziehungen werden durch stetige Kontaktierung ausgebaut. Langfristig funktioniert das nur bei konstanter Aktivierung und einem gut ausgewogenen und geplanten Dialog. Die meisten Ansprechpartner haben selber eine Kernkompetenz, für welche sie von ihrem Arbeitgeber bezahlt werden und welche ihre Tagesgeschäfte ausfüllt. Dementsprechend niedrig ist deren Akzeptanz, für etwas „Unbekanntes" aus dem Tagesrhythmus gerissen zu werden, was sie womöglich nicht interessiert. Umso höher ist allerdings die Akzeptanz für eine interessante Unterbrechung, welche ihre Kernkompetenz unterstützt oder in irgendeiner Art und Weise berührt. Daher ist die Auswahl des relevanten Marktes in der Neukundenakquisition elementar. Nur mit der richtigen Zielgruppe im relevanten Markt kann man einen für beide Seiten informativen und aussichtsreichen Dialog führen, welcher Kunden langfristig gewinnt und bindet.

> Der **relevante Markt** sollte im Mittelpunkt einer jeden Marketingkonzeption stehen. Nicht nur die Zielgruppe sollte über den für ein Unternehmen relevanten Markt definiert werden, das gesamte Marketingkonzept sollte darauf beruhen. (Vergleiche Becker, Jochen: *Das Marketingkonzept: Zielstrebig zum Markterfolg*, 1. Aufl. Dt. Taschenbuchverlag, München, 1999)

C. Langfristige Kundenbindung

Durch den in Abbildung 7 aufgeführten Kontaktierungszyklus wird dem potentiellen Kunden das Unternehmen und die Produkte und/oder Dienstleistungen immer wieder in Erinnerung gerufen. Bei Betrachtung des Prozesses lassen sich mehrere Stadien des Kunden definieren:

Abbildung 8: ***Chronologische Kette der Kundenstadien***

Der Kaltkontakt ist der erste Kontakt zu einem unbekannten Unternehmen – teilweise ohne einen konkreten Ansprechpartner zu haben.

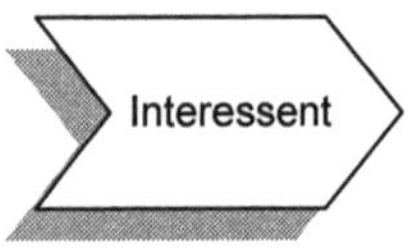

Der Ansprechpartner wird aktiviert und bekundet Interesse. Dieser Prozess wird durch mehrmalige Kontaktaufnahme, sowie mit schriftlichen Materialien, unterstützt.

Der Interessensgewinnungsprozess reift soweit aus, dass der Ansprechpartner eine echte Kaufabsicht hat und diese bekundet

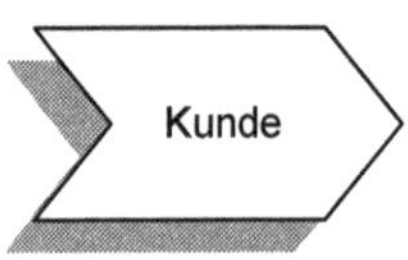

Der potentielle Kunde wird zum Kunden. Ab jetzt tritt der Vertrieb etwas in den Hintergrund und die „Techniker“ übernehmen.

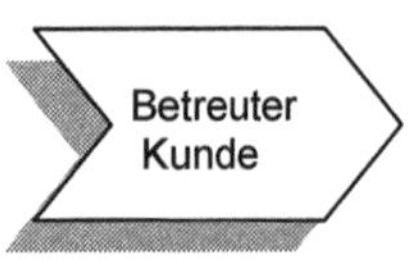

Die Arbeit des Vertriebes geht in der Betreuung weiter. Wichtig ist ein hoher Servicegrad der Kunden, um diese langfristig zu binden.

Die langfristige Kundenbindung fördert jedes dieser Kettenglieder und führt optimal zu dem Ziel, aus einem Interessenten einen Kunden zu machen. Speziell die persönliche Bindung des Kunden unterstützt diesen Prozess und sollte in der Planung der Unternehmung nicht unberücksichtigt bleiben. Dies scheint auf den ersten Blick verständlich, eine Vielzahl von Unternehmen verdrängen diese Pflicht jedoch allzu oft. Viele Unternehmen versuchen dieses Loch durch „selbständige" CRM Lösungen zu füllen. Hiermit wird die Trägheit der Unternehmung angesprochen, indem automatisierte Prozesse sich um die rechtzeitige Kontaktierung der Kunden sorgt. Das solche Prozesse nicht ohne einen zweiseitigen Dialog erfolgreich sein können, sollte einleuchten. Denn nach wie vor muss der Kunde persönlich kontaktiert werden, um seine Bedürfnisse und Einstellungen zu eruieren. Nur auf diese Daten sollten Marketingaktionen konzipiert werden.

Die Notwendigkeit, Kunden langfristig zu binden, ist grundlegend. Ohne Kunden ist die Wertschöpfungskette gebrochen und die Konsequenzen zeichnen sich bedauernswerterweise immer wieder in den wirtschaftlichen Nachrichten ab. Auch die Konzentration auf nur einen oder zwei Kunden ist gefährlich, da das Abbrechen eines Standbeines somit die gesamte Unternehmung gefährdet.

D. Marktanteilsicherung

Schlüsselelement und Zweck der Marktstellungsziele ist der Aufbau und die Erweiterung des Marktanteils. Auch hier steht der Dialog im Mittelpunkt. Gleichsam tritt die Frage nach dem Kunden in die Mitte. Denn nun sind nicht nur Endkunden und Vertriebskanäle mögliche Kunden der eigenen Verkaufsförderung, sondern auch Kooperationspartner können Potentiale bieten.

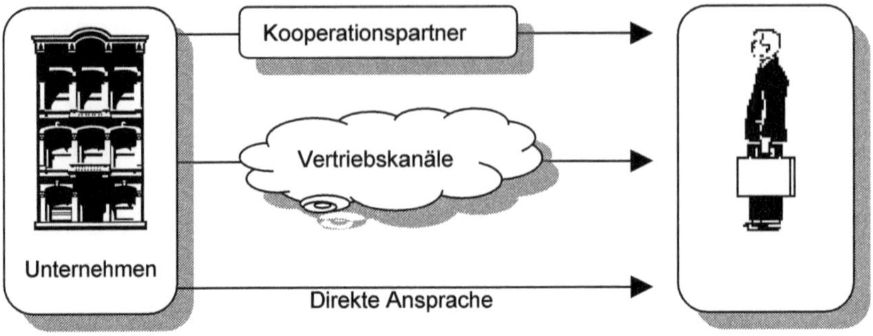

Abbildung 9: ***Drei Wege zur Kundenkommunikation***

Alle drei Möglichkeiten beinhalten die Notwendigkeit des Dialoges. Interessant wird die Komplexität der Kommunikation über beispielsweise die Kooperationspartner oder die Vertriebspartner, da hier das Prinzip der „Stillen Post" herrscht. Wie in Abbildung 1 bereits erkenntlich wurde, ist in diesem Fall mit Konflikten zu rechnen. Daher muss der Dialog auch zwischen den Partnern stimmen, um ein einheitliches Bild nach außen zu garantieren.

Somit stehen hier eine Vielzahl von Dialogen im Mittelpunkt. Im Folgenden soll nur ein kurzer Auszug dieser Möglichkeiten gegeben werden, den Einsatzpotentialen sind jedoch keine Grenzen gesetzt.

Dialog zwischen

- Unternehmen und Kooperationspartnern
- Unternehmen und PR-Agentur
- Unternehmen und Vertriebspartnern
- Unternehmen und Handelsvertretern
- Unternehmen und internen Abteilungen
- Unternehmen und Endkunden
- etc.

Marktanteile können nur dann effektiv gesichert werden, wenn die Kommunikation zwischen den einzelnen Parteien stimmig und zielorientiert ist. Dies ermöglicht man im optimalen Fall* mit einer zentralen mit Benutzerrechten ausgestatteten Verwaltung. Hierfür gibt es beispielsweise web-basierte CRM Tools oder kalendergebundene Datenbanken. Der Vorteil liegt in der Erreichbarkeit, welche örtlich ungebunden ist. Perfekt ist eine zentrale Verwahrung der Dateien und Unterlagen der Verkaufsförderung. Wenn diese allen zugänglich ist, ist das Risiko der falschen Kommunikation minimiert[7]. Zu diesem Thema wurde bereits eine Vielzahl von Büchern und Fachartikeln veröffentlicht und soll hier nicht weiter behandelt werden.

E. Image

Das Renommee einer Unternehmung bestimmt den Firmen- und Geschäftswert, das Image einer Marke lässt sich nur schwer in Zahlen fassen, wird aber bei manchen Produkten sehr hoch geschätzt. Gerade aus diesem Grund sollte dieser Aspekt nicht unbeachtet bleiben. Das Image eines Produktes kann man aber nicht nur graphisch darstellen, sondern es lässt sich auch kommunizieren. Speziell der Dialog, sei es nun Face-to-Face oder am Telefon, kann das Image sehr schnell steigern. Bestes Beispiel hierfür sind die berühmt-berüchtigten Telefonzentralen oder Sekretariatsmitarbeiter. Während diese vor einiger Zeit noch mürrisch bis ungehalten waren, so hat sich hier ein enormer Wandel zur Höflichkeit getan. Erfreulicherweise! Sind doch gerade diese Telefonisten die ersten Personen, welche im Dialog mit dem Kunden oder Ansprechpartnern stehen.
Dass das Image gerade im Dialog gesteigert wird, sieht man auch auf den jährlichen Messen. Hier werden speziell trainierte Promotoren engagiert, welche als dialogfähige Berater den Kunden konsultieren können. Nicht selten ist das Image eines Unternehmens durch den Vertrieb geprägt. Bestes Beispiel hierfür dürfte Vorwerk & Co. KG sein, deren Vertrieb für Staubsauger eher in Verbindung mit dem Unternehmen gebracht wird, als die grünen Staubsauger selbst. In dieser Art kann das

* Stand I Quartal 2003, Stand der Technik entwickelt sich sehr schnell fort.

Image eines Unternehmens erheblich von dem Dialog, der zwischen Kunden und Unternehmen besteht, beeinträchtigt werden.
Weiterhin ist es natürlich förderlich, wenn möglichst viele Ansprechpartner aus der Neukundenakquisition ein sehr gutes Bild (Image i.e.S.) von dem Unternehmen durch die kompetenten Dialoge bekommen.

Dies schließt die strategische Betrachtung ab. Der Dialog in der Verkaufsförderung dient dem Aufbau von Beziehungen, der Stärkung des Bundes zwischen Ansprechpartner und Unternehmen und des langfristigen Erhaltes eines zufriedenen Kundenstamms. Strategisch betrachtet ist der Dialog der Erfolgstreiber für langfristiges Bestehen.

V. Operative Betrachtung

Neben der strategischen Betrachtung muss selbstverständlich die operative Betrachtung ins Auge gefasst werden. Objektiv betrachtet existieren zwei verschiedene Angehensweisen, den Dialog für das Unternehmen zu nutzen. Diese Möglichkeiten beziehen sich in diesem Fall auf das Dialog-Marketing via Telefon, während das Face-to-Face Selling außen vor gelassen wird.

Themen hier sollen die zwei üblichen Möglichkeiten sein:

- Einstellung eigener Mitarbeiter für das Dialogmarketing
- Outsourcing des Dialog-Marketings

Beide Möglichkeiten bergen Vor- und Nachteile, welche im Folgenden besprochen werden.

A. Dialogmarketing im Unternehmen

Wird das Dialog-Marketing im eigenen Unternehmen mittels eigener Mitarbeiter operationalisiert, dann stehen folgende logische Schritte einer Führungs- bzw. Unternehmensentscheidung an:

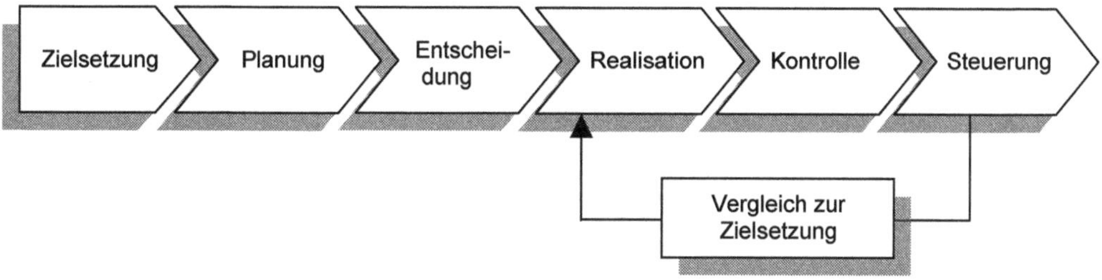

Abbildung 10: ***Prozesskette Führungsentscheidungen***

Während die einzelnen Schritte stark individuell sind, so sind einige wichtige Elemente zumindest skizzierbar. Speziell die Planung beinhaltet stets folgende Kriterien:

- Zusammenstellung eines eigenen Teams
- Einrichtung eines Arbeitsplatzes
- Schaffung einer förderlichen Atmosphäre

Entscheidende Kriterien, wie beispielsweise die Zielgruppe in den jeweiligen relevanten Märkten, sollten idealerweise in der Zielsetzung und Planung des Vertriebsmanagements bereits gefunden sein. Die für das telefonbezogene Dialog-Marketing oben aufgeführten Kriterien werden nun noch einmal einzeln dargestellt, wobei Punkt 1 in zwei Kapiteln ausführlicher beschrieben wird und Punkt 2 und 3 in dem Unterkapitel *Environment Check* besprochen werden.

1. Zusammenstellen eines Teams

In der Zusammenstellung eines eigenen Teams muss man sich zuerst das Profil, bzw. die ausführliche Stellenbeschreibung, der gesuchten Person vergegenwärtigen.

Folgende Punkte stellen ein Profil des kommunikativen Verkaufsförderers im Dialog dar:

- Generell **kommunikative Natur**, ohne Scheu, fremde Menschen anzusprechen
- Herausfordernder „**Jagdinstinkt**", wenn Gespräche entgegen den Erwartungen verlaufen oder Ansprechpartner schwer erreichbar sind
- Fähigkeit, gut und **aktiv zuzuhören**
- Fähigkeit, **Gehörtes zu speichern** und auf inhaltliche Schwächen zu **prüfen**
- Schnelle **Argumentationsgewandtheit**
- Freundlicher, bestimmender und **führender** Umgang mit unfreundlichen Menschen
- **Optimistische Einstellung** auch bei unwegsamen Projekten
- Fähigkeit, Gesagtes auch wirklich zu verstehen und die **Kommunikation des Ansprechpartners** wunschgerecht zu führen, auch wenn dies zeitintensiv ist.
- Fähigkeit, auf Ansprechpartner einzugehen, sie zu verstehen und sich in ihre Gedankenwelt zu versetzen – bei gleichzeitiger **Spiegelung des Charakters**

Abbildung 11: ***Leitbild des kommunikativen Verkaufsförderers***

Dieses Profil stellt keine Mindestanforderungen in der Gesamtheit aller Punkte dar und ist auch nicht absolut zu betrachten.

Es gibt kaum einen Menschen, der alle Punkte befriedigen kann. Gleichzeitig kann es als Grundlage für eine Stellenbeschreibung bei der Suche nach neuen Mitarbeitern fungieren.

Wie viele Punkte nun von dem potentiellen Teammitglied erfüllt werden, kann sich in der Praxis nach beispielsweise den ersten 10 Telefonaten herausstellen: Idealerweise haben Sie befreundete Unternehmen, die sich einmal als Test-Ansprechpartner zur Verfügung stellen. Lassen Sie die Bewerber ruhig etwas auflaufen. Gleichzeitig sollten Sie ihnen aber auch ein sicheres und angenehmes Bewerbungsumfeld schaffen. Grundsätzlich bestehen zwei Möglichkeiten, ein Team zusammenzustellen (Vgl. Jung 2001, *Personalwirtschaft*):

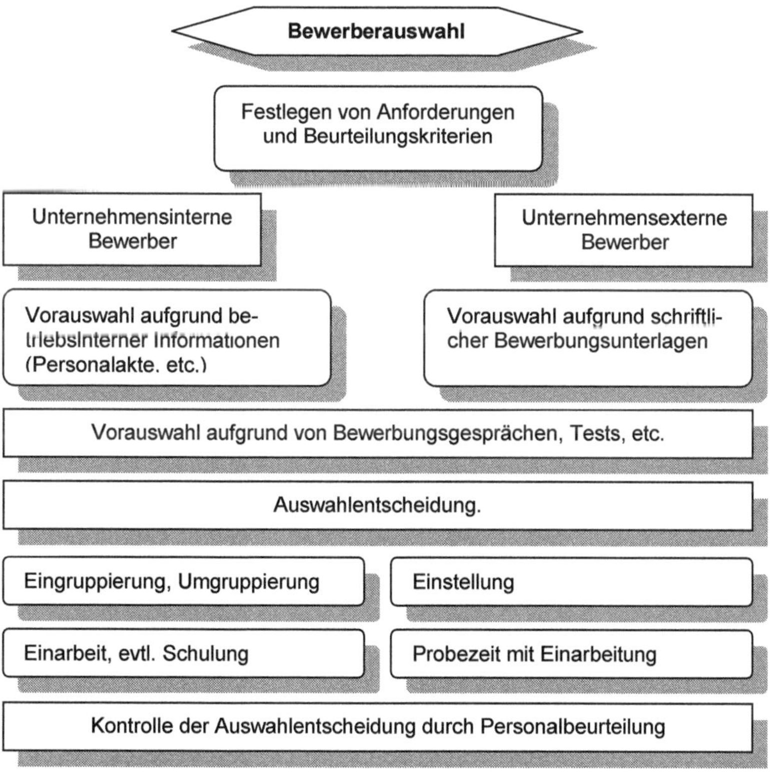

Abbildung 12: *Ablauf der Bewerberauswahl und Einstellung*

Besondere Gewichtung sollte auf die Vorauswahl durch Bewerbungsgespräche, Tests, Assessment Centers oder Ähnlichem gelegt werden.

Denn eine gute Vorauswahl wird später zu weniger Enttäuschungen führen. Dies bezieht sich sowohl auf den Bewerber, welcher sich womöglich alles einfacher vorstellt, als auch auf den späteren Teamleiter, der die Belegschaft führen und motivieren muss. Es empfiehlt sich, auch etwas rabiater* zu prüfen, um die Anforderungen an die Tätigkeiten klar hervorzustellen.

Wichtige Fragen, die in einem Bewerbungsgespräch gestellt werden sollten, beziehen sich auf:

- Umgang mit Kunden am Telefon
- Persönlicher Umgang mit Kunden
- Interesse an den Unternehmensprozessen, die den Telefonaten folgen
- Persönliche Einstellung, wie lange ein Gespräch dauert
- Verständnis der eigenen Unternehmensphilosophie
- Einstellung zu Teamarbeit
- etc.

Das Interview ist mehr als nur ein Einstellungstest. Es ist ein Katalysator für ein funktionierendes Team. Es ist ein Filter, welcher vor Ärger und unnötigen Stress bewahrt. Es ist ein Sieb, welches die Fähigkeiten hervorstellt und Risiken beschränkt. Denn nichts ist teurer, unangenehmer und eine größere Verschwendung von Zeit, Ressourcen und Potentialen, als unwirksame und ergebnislose Mitarbeiter.

Ein weiterer wichtiger Teil in der Bildung eines eigenen Teams ist die Einarbeitung. In bestmöglichen Fall hat man einen inter-

---

* Selbstverständlich im Einklang mit der Unternehmensethik

nen oder externen Mentor, welcher das Team einarbeitet. Im worst case bestehen keine Ressourcen, welche das Team einarbeiten können. Hier empfiehlt es sich, bereits in der Personalauswahl einen fähigen Teamleiter zu erwählen, welcher sich in Form von Personalentwicklungsmaßnahmen das nötige Wissen aneignet, um das Team später zu führen.

In der Einarbeitungsphase, wie auch in der späteren Projektphase, wird das Filtern, Verwalten und Auswerten von Informationen immer Hauptbestandteil der Tätigkeiten der Mitarbeiter sein. Speziell die Informationsfilterung und die bedarfsgerechte Informationsversorgung[8] sind elementare Bestandteile.

2. Menschen auf dem Prüfstand

In der zweiseitigen Verkaufsförderung, und somit auch im Dialog-Marketing, besteht der Hauptkonflikt darin, dass die einzigen wertschöpfenden Faktoren Menschen sind. Dieser *people-only-conflict* wird bei Betrachtung des Schaubilds sehr schnell sichtbar, da keine weiteren „Produktionsfaktoren" auftreten.

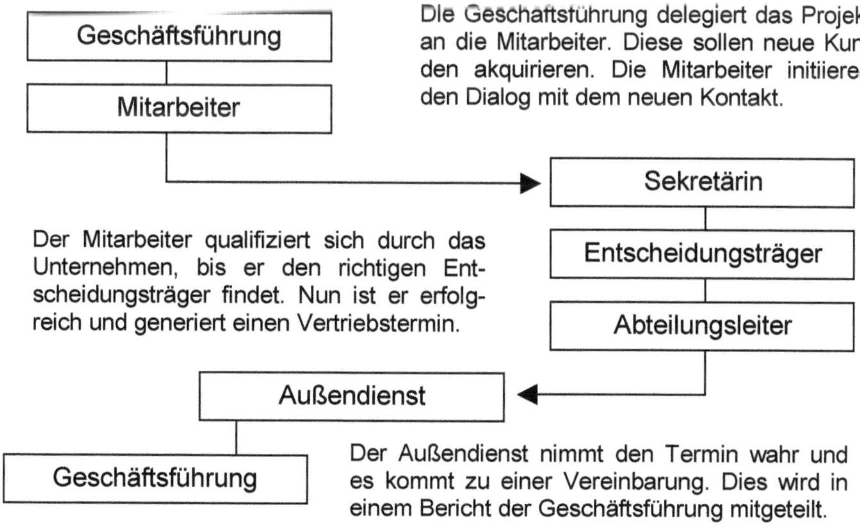

Abbildung 13: *people-only-conflict*

Schnell wird erkenntlich, dass in dem gesamten Schema immer Menschen konsultiert werden und dies immer mündlich. Es bestehen keine *Hard Facts*. In der Produktion bestimmen feste Prozesse den Ablauf und die Leistung. Nutzungsgrad, Rüstzeiten oder Stand der Technik können kontrolliert und gesteuert werden. Diese Kontrolle und die Steuerung sind bei mündlichen Informationen nur schwer realisierbar. Hinzu kommt das Prinzip der „stillen Post“ – es gehen immer Informationen verloren oder werden falsch interpretiert. Bereits Abbildung 1 geht auf diesen Sachverhalt ein.

Nun ist es diffizil, Menschen in der zweiseitigen Verkaufsförderung zu prüfen, bzw. deren Leistungen zu messen. Meistens findet diese Messung nur im Negativfall statt. Im positiven Verlauf ist die Geschäftsführung zufrieden, denn es werden ausreichend Kontakte hergestellt (unabhängig davon, ob dies das Maximum oder Optimum ist) und Termine generiert. Ist die Geschäfts- oder die Abteilungsleitung aber unzufrieden, so wird eine Messbarkeit gefordert. Dies geht mit dem Konzept des *Corporate Governance* einher und betrifft speziell die Punkte Realisation, Kontrolle, Steuerung in Abbildung 10.

Da das Leitbild des kommunikativen Verkaufsförderers im Dialog (Abbildung 11) nicht immer zu 100% von jedem Mitarbeiter erfüllt werden kann, gilt es, dessen Stärken und Schwächen zu eruieren. Dies wird bestenfalls in einer regelmäßigen Personalbeurteilung durchgeführt. Ein optimales Werkzeug zur Kontrolle ist das Mithören von Gesprächen mittels einer Telefonweiche. Nur bei Zustimmung des Ansprechpartners ist ein Echtzeit Mitschnitt und Speicherung des Gespräches erlaubt. Daher ist das Aufnehmen von Gesprächen kein empfehlenswertes Mittel. Das Mithören mittels einer Weiche ist jedoch erlaubt, da es nicht abgespeichert wird.

Um ein Gespräch und das Verhalten eines Mitarbeiters prüfen zu können, bedarf es eines hohen Maßes an Kompetenzen. In fachlicher Hinsicht muss man zum einen wissen, „worum es geht“ und zum anderen „wie es geht“. Das bedeutet man muss einen hohen Sachverstand besitzen und gleichzeitig selber im Dialog-Marketing erfolgreich tätig gewesen sein (z.B. fachliche und instrumentale Kompetenzen).

Weitere erfolgreiche Tests können in Einzel- oder Gruppendiskussionen erfolgen. Denn hier sieht man das rhetorische Können der Mitarbeiter und man kann gleichzeitig das fachliche Wissen testen.

Wichtig ist auch die soziale Kompetenz der Führungskraft. Es bringt selten Erfolge, Mitarbeiter ständig zu kontrollieren. Der Mitarbeiter verliert hierdurch das Gefühl der Selbständigkeit. Weiterhin untergraben respektlose Fragen wie „Was soll das denn schon wieder?“ oder „Was haben Sie sich denn dabei eigentlich gedacht?“ die Eigenverantwortung und die Motivation.

Man sollte nicht vergessen, dass die Motivation Haupteinflussfaktor der Leistung ist.[9]

3. Environment Check

Nachdem der Punkt ►Zusammenstellung eines eigenen Teams bearbeitet ist, erfolgt der nächste logische Schritt, ►die Einrichtung des Arbeitsplatzes und ►der förderlichen Atmosphäre. Beides zusammengefasst ist das Arbeitsumfeld oder das *environment*.

Hierbei wird erneut unterschieden, und zwar zwischen dem *Set* und *Setting*.

Unter dem **Set** werden die emotionalen, psychischen und gedanklichen Umstände zusammengefasst. Hierunter versteht man beispielsweise die Motivation, welche Faktoren wie das Schwierigkeitsempfinden oder die daraus entstehenden Folgen beinhaltet. Weiterhin sind auch Faktoren wie die Arbeitsatmosphäre im Set beinhaltet.

Unter dem **Setting** versteht man die physikalische, also greifbare Arbeitsumgebung. Dies konzentriert sich hauptsächlich auf die Gestaltung des Arbeitsplatzes, reicht aber bis zu der Wahl des Firmensitzes (mit Anbindung an z.B. Freizeitmöglichkeiten).

a) Set

Hier wird das Set auf die Motivation beschränkt. Die Motivation ist eine hartumstrittene Lehre und Auffassung, welche eine Vielzahl von Literatur hervorgebracht hat. So gibt es beispielsweise Meinungen, welche besagen, dass Lob, Prämien, Incentives oder leistungsvariable Einkommen allesamt kontraproduktive Tricks und Kniffe sind, um Mitarbeiter-Motivation zu erreichen. Es werden Thesen, wie „Alles Motivieren ist Demotivieren" aufgestellt.[10] Andere Autoren fordern extremste Motivation, um den Verkauf zu fördern.[11] (Interessanterweise erscheinen beide in den Endnoten aufgeführten Beispielwerke auch noch im selben Verlag.) Kritischer und objektiver betrachtet dies das Standardwerk im Personalmanagement von Jung.[12] Hier werden erneut verschiedene Modelle unterschieden.

Generell wird die Motivation in folgende Phasen aufgeteilt:

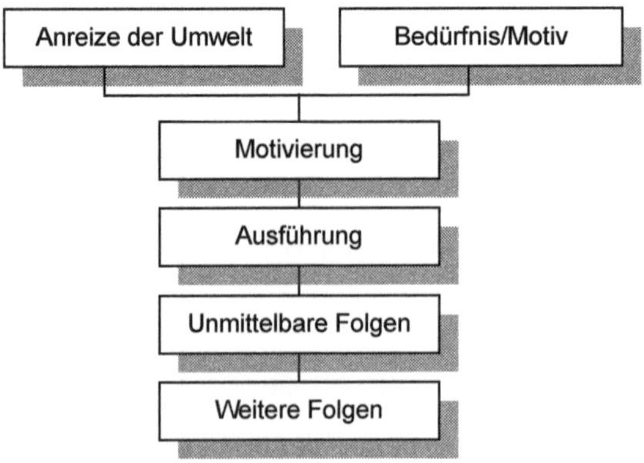

Abbildung 14: ***Die einzelnen Phasen des Motivationsprozesses***[12]

- Die Motive der Personen verbinden sich mit dem Anreiz. Zu diesem Zweck werden unmittelbare und weitere Folgen vorweg überdacht und beurteilt. Sind sie erstrebenswert und ist die Erreichbarkeit persönlich angemessen, so entsteht der Entschluss: „Ich will handeln!"
- Der Entschluss wird in die Tat umgesetzt
- Sodann setzt der Zustand der Zufriedenheit ein, z.B. über Informationsgewinn, erworbene Fähigkeiten, die Erhöhung des Selbstwertgefühls, etc.
- Als weitere Folgen entstehen beispielsweise berufliche Vorteile, Anerkennung, Lob, Karriere, soziale Geltung, etc.[13]

Wichtig zum Verständnis des Motivationsprozesses sind die Arbeitsmotive:

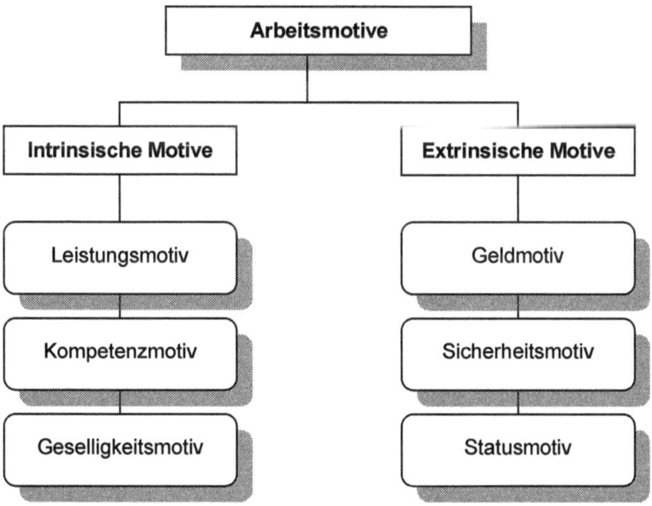

Abbildung 15: *Arbeitsmotive*[14]

Während die Intrinsischen Motive von innen stimuliert werden, so beispielsweise der Wunsch nach einer höheren Kompetenz oder dem Wunsch nach Geselligkeit, so werden die Extrinsischen Motive von außen stimuliert, bestes Beispiel die Anerkennung anderer aufgrund des Status'.

Weiterhin teilt sich die Motivation in die sogenannte **Eigenmotivation** und die **Fremdmotivation** auf.

Ein gutes Beispielmodell für die **Eigenmotivation** ist die VIE-Theorie nach Vroom[15]. Vereinfacht und für die Zwecke des Sets ausreichend, lässt sich diese Theorie wie folgt darstellen:

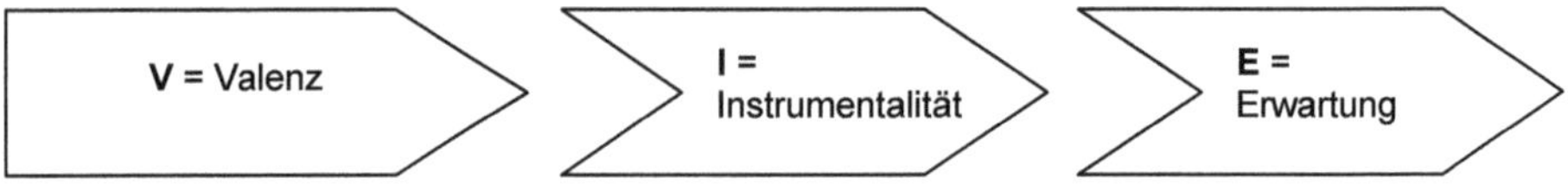

Subjektive Belohnung, die mit der Zielerreichung verbunden ist. Sie bestimmt die Motive des Mitarbeiters und den Anreiz, der von einer Leistung ausgeht.	Gibt an, inwieweit eine bestimmte Handlung und deren Ergebnis zur Zielerreichung geeignet ist. D.h. **welche Instrumente** sind zur Erlangung des angestrebten Anreizes möglich und erfolgreich	Stellt die subjektive Einschätzung der Wahrscheinlichkeit dar, ob eine bestimmte Handlung auch zu einem erfolgreichen Ergebnis führt. **„Kann es überhaupt funktionieren?"**

Abbildung 16: ***Bestimmungsfaktoren der VIE-Theorie***

Je nach Einschätzung der Instrumente und der Erreichbarkeit, sowie der damit verbundenen subjektiven Belohnung, wird ein Mitarbeiter einen gewissen Grad an Eigenmotivation mitbringen.

Beispiel:

Akquirieren Sie in dieser Woche 50 Kaltkontakte und machen Sie mindestens 2 Termine.

V = Ist der persönliche Anreiz (Geld, Provisionen, Incentives, Lob, etc.) groß genug um den Mitarbeiter zu animieren?

I = Stehen dem Mitarbeiter die nötigen Instrumentarien zur Verfügung? Hat er das richtige Arbeitsumfeld, ist er trainiert und kennt die Sachverhalte?

E = Führen die Maßnahmen zu einem Erfolg? Ist es überhaupt erreichbar?

Antwort:

V = Bei einer guten leistungsbezogenen Bezahlung sollte dies gegeben sein

I = Mit einem ruhigen, konzentrationsfördernden Umfeld und der richtigen Hardware sollte auch dies möglich sein. Trainings, etc. müssen vor dem Projekt durchgeführt werden.

E = Bei ca. einer ½ Stunde pro bearbeiteten Kontakt braucht der Mitarbeiter 25 Stunden für 50 Kontakte. Das ist durchaus im Rahmen des Machbaren. Weiterhin bleibt genügend Zeit für längere Gespräche und Pausen. 2 Termine von 50 Kontakten sind 4%. Auch dies sollte bei guter Adressqualität erreichbar, wenn nicht sogar wesentlich steigerbar sein.

Der Mitarbeiter sollte somit genügend Eigenmotivation mitbringen, um das Projekt zu einem, nach den Vorgaben definierten, erfolgreichen Ergebnis zu führen.

Große Teile der Eigenmotivation werden durch die **Fremdmotivation** beeinträchtigt. Ein gutes Beispiel zum Verständnis der Fremdmotivation ist die Zwei-Faktoren Theorie von Herzberg.

Diese Theorie der zweidimensionalen Zufriedenheit teilt sich in die sogenannten Hygienefaktoren (z.B. Geld, Status) und den Motivatoren (z.B. Selbständigkeit, Anerkennung) auf:

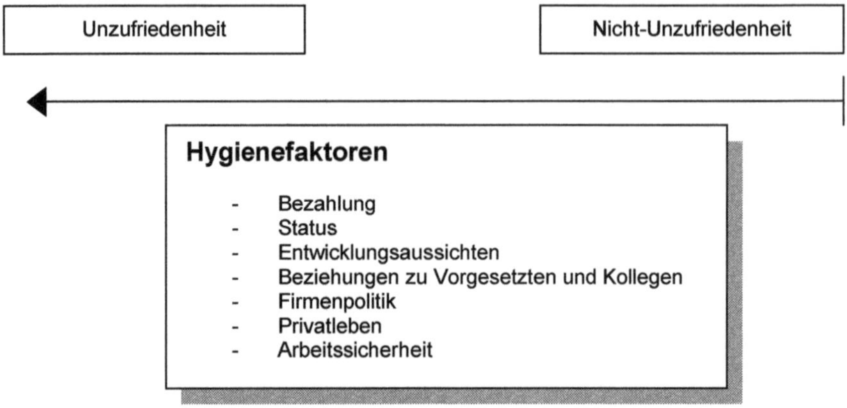

Abbildung 17: ***Zweifaktoren Theorie nach Herzberg (Hygienefaktoren)***[16]

Somit dienen die Hygienefaktoren nicht der eigentlichen Motivation, sondern führen vorerst zu einem Zustand der „Nicht-Unzufriedenheit". In anderen Worten, es bedarf dieser Faktoren, dass der Mitarbeiter nicht unzufrieden ist und überhaupt motivierbar zur Zufriedenheit ist.

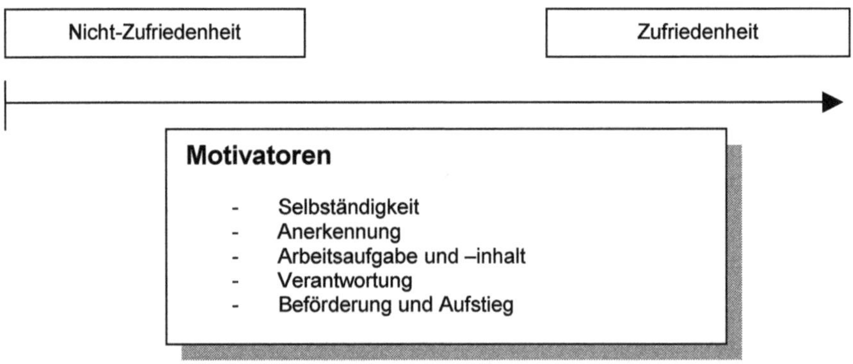

Abbildung 18: ***Zweifaktoren Theorie nach Herzberg (Motivatoren)***[17]

Das bedeutet nicht, dass Herzberg die motivierende Funktion von Geld nicht zu schätzen versteht. Vielmehr macht er darauf aufmerksam, dass dies ein elementarer Hygienefaktor ist, der bei Sättigung zu einem nicht unzufriedenen Gefühl führt.

Weiterhin wichtig für ein motiviertes und erfolgreiches Set ist die Arbeitsatmosphäre. Diese beschränkt sich nicht nur auf das Verhältnis zu den Führungskräften oder dem Betriebsklima, sondern macht sich auch durch die emotionale Bindung zu dem Unternehmen und der Belegschaft bemerkbar.

Wichtige Faktoren, die die Atmosphäre beeinflussen sind:

- Führungsverhalten
- Kontakt zur Führungskraft
- Toleranz
- Kontakt zu Mitarbeitern
- Teamgeist
- Mobbing
- Arbeitsdruck
- Geräuschpegel
- Pausenzeiten
- etc.

Im Falle der Arbeitsatmosphäre gibt es keine goldenen Regeln, da diese individuell zu gestalten ist. In einem Ingenieurbüro herrscht eine andere Anforderung an die Atmosphäre als in einem Werbebüro. Im besten Fall ist dies mit den Mitarbeitern abzusprechen und gemeinsame Regeln und Umstände zu schaffen, die das Mind-Set zur Arbeit anregen und motivieren.

b) Setting

Das Setting umfasst die physikalische Umgebung. Zu beachten sind, neben der Geräuschkulisse und einer möglichen Anlaufstelle für Pausen und Entspannung, vor allem auf die Sitzkonstellation. Empfehlenswert ist es, dass nie mehr als zwei bis drei Mitarbeiter in einem Raum arbeiten. Sollte dies aus Kostengründen nicht realisierbar sein, so ist geräuschdämmendes Material höchstens anzuraten. Trennwände sind praktisch für Notizen, hindern aber kaum den Schall an seiner Wirkungsweise.

Anbei einige Vorschläge für eine gute Sitzplatzorganisation:

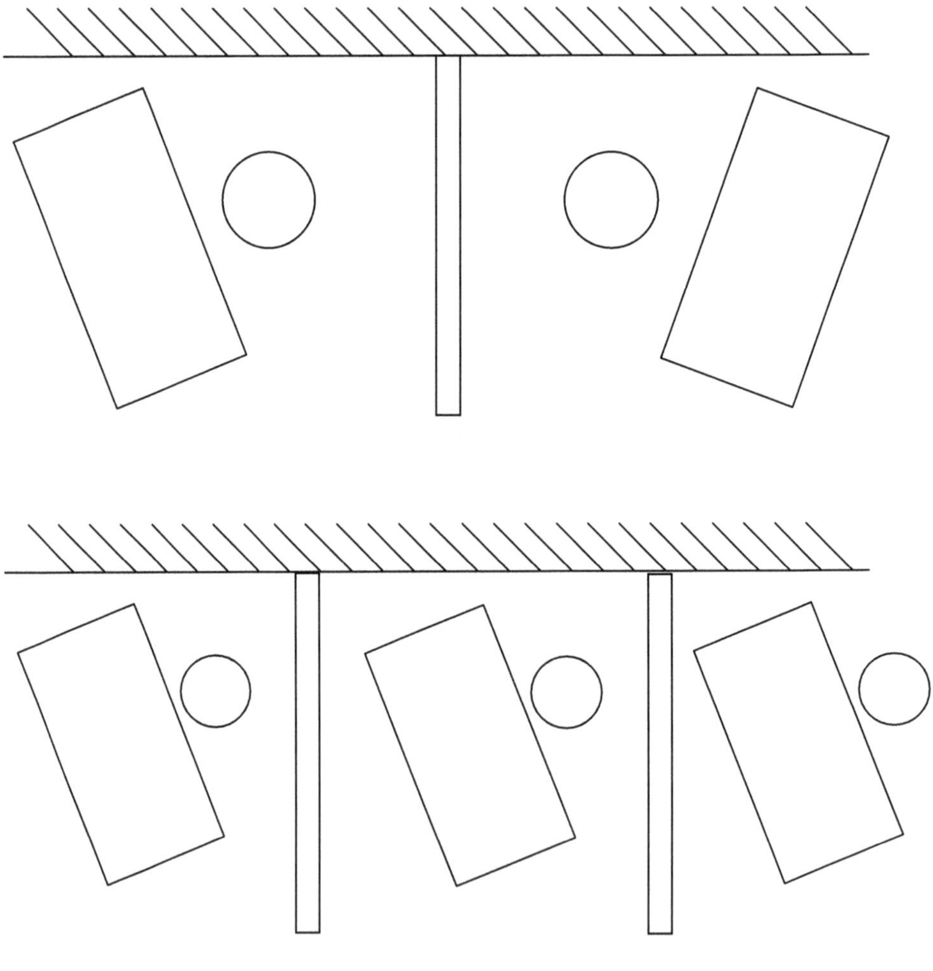

Abbildung 19: ***Sitzplatzorganisation***

Wichtig ist vor allem, dass die Mitarbeiter sich nicht gegenüber sitzen. Sonst kann es bei gleichzeitigen Gesprächen zu unangenehmen Konflikten kommen, vor allem wenn man im Gespräch die Stimme erheben muss.

Zum Setting gehört auch eine gute Telefonanlage. Zu vermeiden ist die „0“, die man üblicherweise vorwählen muss, oder sogar eine Call-by-Call Nummer, um die Kosten zu minimieren. Es gibt eine Auswahl von sehr guten Telekommunikationsanlagen (sog. TK Anlagen), welche ein exzellentes Preis- / Leistungsverhältnis bieten und dies alles konfigurieren können.

In Deutschland sind das beispielsweise elmeg, Siedle oder Auerswald. Mit diesen Anlagen ist jede Art von Konfiguration möglich, auch die Planung von so genannten Least Cost Routing Tagestabellen. Least Cost Routing bedeutet, dass die TK Anlage automatisch die „Vorwahl vor der Vorwahl“ wählt. Dies erspart den Mitarbeitern Zeit und Mühe.

Angenehm sind auch Headsets. Die von allen am meisten geschätzten Modelle sind hierbei die binauralen Modelle, welche federleicht sein können, wenn das nötige Kleingeld verfügbar ist. (Ein binaurales Headset von Plantronics kann beispielsweise einige hundert Euro kosten.) Ein Telefon muss weiterhin auch Headset tauglich sein. Hier gibt es zwei verschiedene Anschlussstandards und dementsprechend auch unterschiedliche Telefone. Ein Besuch beim Fachhändler ist anzuraten und das Internet bietet eine gute Plattform für Preis- und Qualitätsvergleiche. So kann man auch den Kauf von gebrauchten Geräten in Erwägung ziehen, da der Verschleiß relativ gering ist.

Bei der Wahl des Settings ist weiterhin auf die Umgebung zu achten. Dass Pflanzen das Arbeitsklima stimulieren, ist bekannt. Eine Ruhezone ist ebenfalls empfehlenswert. Mitarbeiter brauchen Platz und Zeit, um sich von schwierigen Gesprächen zu entspannen.

Zu beachten ist der Stressfaktor, der an manchen schlechten Tagen die Mitarbeiter enorm belasten kann. Auch wenn es auf den ersten Blick eher amüsant anmutet, so ist ein Sandsack in manchen Fällen eine gute Investition. Auch Mittagspausen sind wichtig, denn das Gespräch untereinander und die Problemlösung mit Kollegen kann manch eine Personalentwicklungsmaßnahme ersetzen. Natürlich kann dies auch Zusammenhalt und Unternehmensidentifikation erhöhen.

Wenn man sich diese Investitionen sparen möchte, sollte eine sogenannte Ausgliederung in Erwägung gezogen werden.

B. Dialogmarketing Ausgegliedert

Die Ausgliederung oder *outsourcing* der dialoggestützten Verkaufsförderung oder der Verkaufsförderung allgemein bedeutet die Beauftragung eines externen Dienstleisters. Diese Ausgliederung bietet generell eine Vielzahl an Vorteilen:

- **Keine bzw. niedrige Personalkosten**
- **Niedriges Personal-Risiko (Krankheit, Versicherung, Schwangerschaft, etc.)**
- **Schnelle Bearbeitung, da mehrere Bearbeiter gleichzeitig involviert sind und einen höheren Wissenspool vorweisen**
- **Anschaffungskosten und fortlaufende Kosten wie Mobiliar, Technik und Miete entfallen**
- **Ausnutzung der fremden Potentiale, da diese durch Projektvielfalt mehr Erfahrung haben**

Die Nachteile machen sich speziell in der Kontrollierbarkeit, der Transparenz und der fehlenden Unternehmensnähe bemerkbar, sind aber je nach Anbieter größtenteils steuerbar.

Wichtig ist, dass die Ausgliederung einen klaren und vordefinierten Prozess verfolgt.

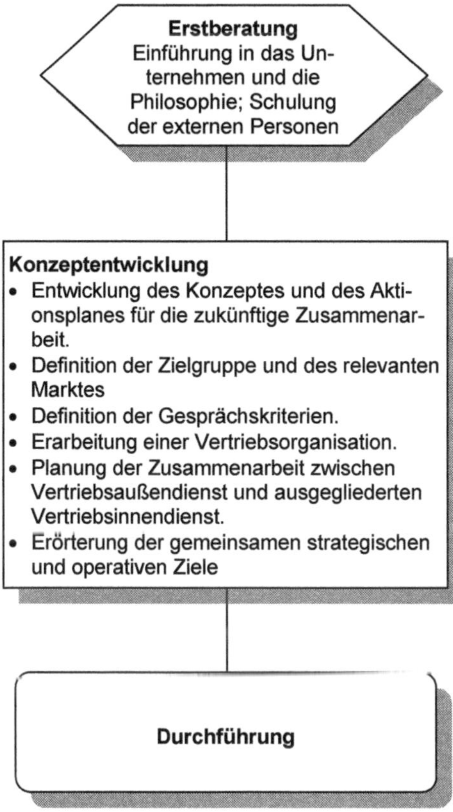

Interne und externe Aufgaben

Interne Aufgaben:
Schulung und Einführung der externen Mitarbeiter. Einführung in die Denkweise und Unternehmensphilosophie. Verfügung über Kalender und Informationsmaterialien ermöglichen. Technischer Abgleich von Email und Telefonnummern, sowie Datenimport und –export Möglichkeiten der eigenen CRM Tools.

Externe Aufgaben:
Vorbereitung der Datenbanken, der Terminkalender und der grundlegenden Produkt- und Dienstleistungsinformationen. Aufmerksame Aufnahme des neuen Wissens mit der Möglichkeit schnell zu analysieren und direkte Fragen zu stellen. Interne Trainings der Teams und Transparenz. Überlassung von Know-How und Erfahrungen. Beratung und grundlegende Konzeption.

Gemeinsame Aufgaben:
Akzeptanz und Vertrauen für die Ausgliederung schaffen. Mehrere Strategien suchen und festlegen. Gemeinsam die Zielgruppe, die Kriterien und die Konzepte erarbeiten.

Abbildung 20: ***Erste Schritte des Outsourcings***

In der Durchführung kann man zwischen den Primärprozessen und den Additiv- oder Komplementärprozessen unterscheiden.

Primärprozesse definieren sich durch die Zielsetzung der Unternehmung. Wenn die Neukundenakquisition an erster Stelle betrieben soll, so wäre der Primärprozess das Dialog-Marketing mit dem Schwerpunkt auf dem Aufbau eines neuen Kundenstammes.

Komplementärprozesse sind vorgeschaltete, gleichzeitige oder nachgeschaltete Prozesse, welche die Primärprozesse unterstützen. Ein Beispiel ist die Öffentlichkeitsarbeit, welche ein hohes Volumen in der Zielgruppe erreicht, als einseitige Kommunikation aber keinen Dialog schafft. Die Aktivierung der Zielgruppe durch Fachartikel und Anzeigen erhöht aber die Erfolgsquote der zweiseitigen Verkaufsförderung.

Somit könnte die Durchführung wie folgt gestaltet werden:

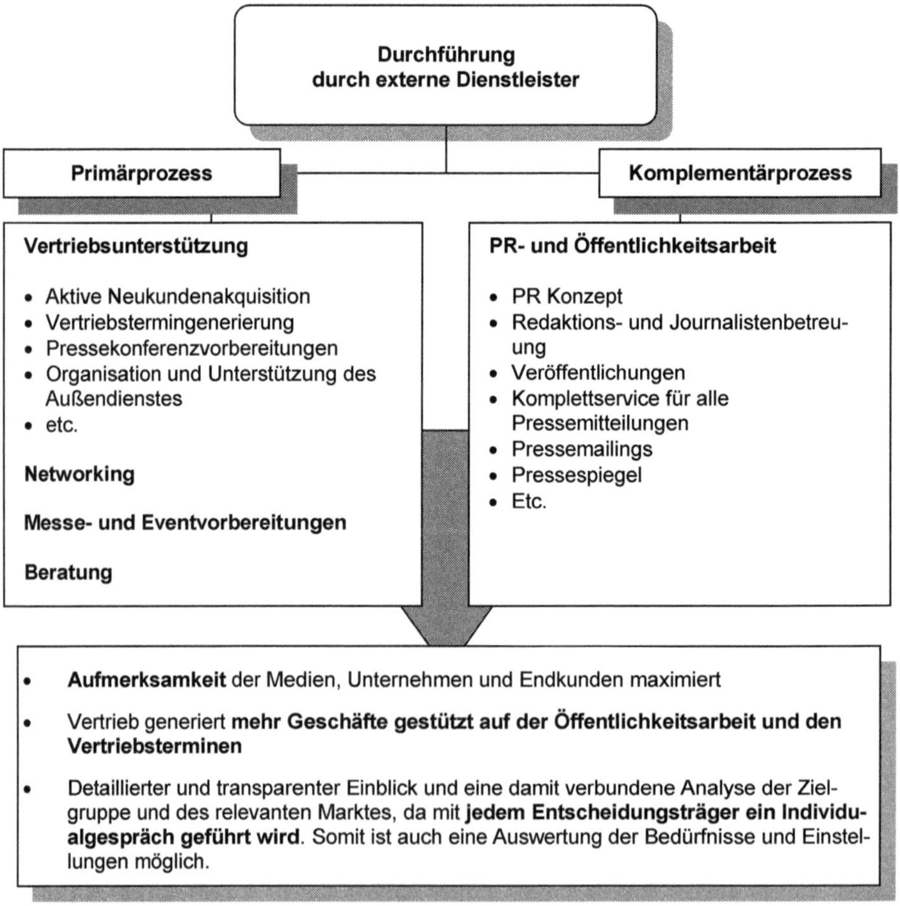

Abbildung 21: ***Durchführung des outgesourcten Vertriebskonzeptes***

Kommt es erst einmal zu der Ausgliederung des Dialog-Marketings oder des Vertriebsinnendienstes, so ist eine allen zugängliche Plattform zum Austausch von Informationen sehr wichtig.

Die Grundlage zu dieser Plattform wird bei den meisten Dienstleistern in den ersten Beratungstagen festgelegt. So teilen im einfachsten Fall die Vertriebsmitarbeiter ihre Wünsche mit und übermitteln ihre Terminkalender. Sofern es das Budget zulässt können auch web-basierte Kalender oder sog. CRM-Tools genutzt werden. Es gibt auch kostenlose Internet basierte Kalender, die man nutzen kann, sofern einen die Werbung nicht stört.

Wichtig ist in jedem Fall die Akzeptanz aller Mitarbeiter des auftraggebenden Unternehmens.

Diese Akzeptanz fängt bei der Zentrale an und endet bei den Außendienstmitarbeitern. Hier einige negative Beispiele, welche diesen Punkt unterstreichen:

Negativ-Beispiel 1:

Ein Mitarbeiter des ausgegliederten Vertriebsinnendienstes erreicht den Ansprechpartner zu einer schlechten Zeit. Dieser möchte nun unbedingt selber zurückrufen und ruft aus irgendeinem Grund die unvorbereitete Zentralnummer an.

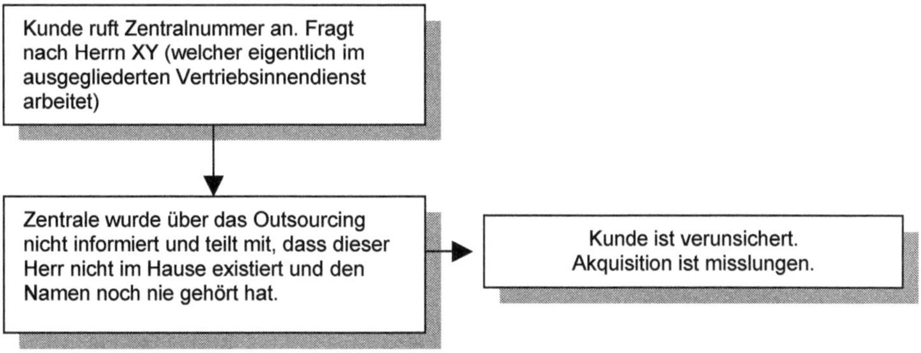

Abbildung 22: ***Fehlende Akzeptanz - Negativ Beispiel 1***

Negativ-Beispiel 2:

Ein Mitarbeiter des ausgegliederten Vertriebsinnendienstes erreicht den Ansprechpartner zu einer schlechten Zeit. Dieser möchte nun unbedingt selber zurückrufen und ruft aus irgendeinem Grund die Zentralnummer an. Diese ist nicht von dem Konzept überzeugt oder falsch informiert und teilt aus „Trotz“ dem Anrufer mit, dass dies „ja dieses andere Unternehmen ist, das jetzt für die Firma telefoniert“.

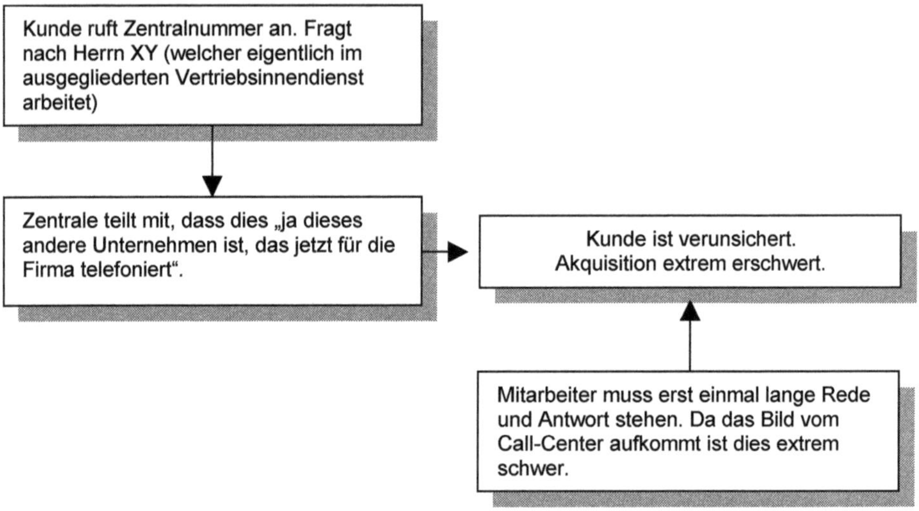

Abbildung 23: ***Fehlende Akzeptanz - Negativ Beispiel 2***

Positiver Ausgang:

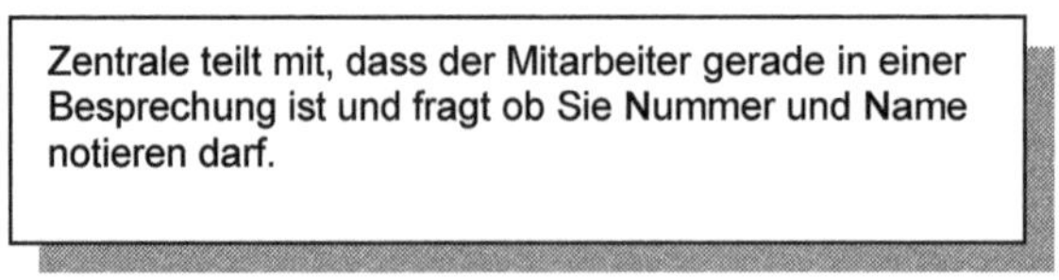

Abbildung 24: ***Positiver Ausgang der obigen Beispiele***

Im positiven Fall teilt die Zentrale dem outgesourcten Dienstleister mit, dass jemand für ihn angerufen hat. Nun kann er ohne Glaubwürdigkeitsverlust den Kontakt wieder aufnehmen.

Negativ Beispiel 3:

Wenn der Vertrieb von dem Konzept nicht überzeugt ist, können folgende Probleme auftreten.

Schlecht: Der Vertrieb möchte lieber seine Termine selber legen und nimmt für ihn generierte Termine nur halbherzig war und behandelt den Kunden nicht wie „seinen" Kunden.

Schlechter: Vertrieb fühlt sich kontrolliert und bevormundet, fährt nicht zu den Terminen weil er im Vorfeld diese schon als „schlecht" qualifiziert.

Katastrophe: Man bemerkt all dies nicht - dass es dem Vertrieb nicht behagt und dieser demotiviert ist und beispielsweise seinen Arbeitsplatz gefährdet sieht.

Abbildung 25: ***Fehlende Akzeptanz - Negativ Beispiel 3***

Es ist daher stets ratsam, alle Mitarbeiter in den Prozess der Entscheidungsfindung einzubinden und auch bei den Schulungs- und Beratungstagen mit zu verpflichten. Denn eine gute Zusammenarbeit beruht auf Akzeptanz und Rücksicht.

❖ Zu beachten

Wer nun den Vertriebsinnendienst ausgliedern möchte und unmittelbare Ergebnisse generieren will, muss einige Dinge beachten.

Zum einen ist ein langfristig geplantes und gut vorbereitetes Projekt immer besser als ein kurzfristig aus dem Boden gestampfter Plan.

Besonders wichtig sind aber folgende Einflussfaktoren:

- Startphase
- Wiedervorlagenphase
- Urlaubsphase

Die Startphase braucht neben der Einrichtungs- und Schulungszeit immer auch deshalb länger, weil so genannte Wiedervorlagen gesammelt werden müssen.

Wiedervorlagen sind im eigentlichen Sinne Rückrufe, welche gelegt werden, da die meisten Ansprechpartner nicht sofort zu einem Gespräch bereit sind. Man könnte sie auch als zukünftige Telefontermine bezeichnen.

In der Startphase kann somit der folgende *Bottleneck* entstehen:

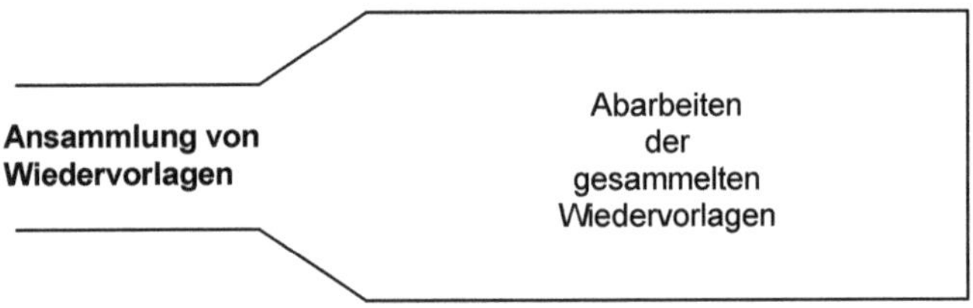

Abbildung 26: *Zu beachten in der Startphase*

Der Prozess wird durch die Ansammlung von Wiedervorlagen natürlich verlangsamt. In dieser Phase wird auch ein höheres Volumen an Informationsmaterialien ausgesandt, um eine gute Gesprächsgrundlage aufzubauen. Eine gute Startphase bewirkt ein erfolgreiches Projekt, da alle unbeantworteten Fragen aus der Vorbereitungsphase nun geklärt werden.
(Es existiert auch ein umgekehrter Bottleneck: Am Ende des Projektes besteht immer noch eine gewisse Anzahl an „schwer erreichbaren“ Wiedervorlagen.)

Die Wiedervorlagenphase sollte ebenfalls nicht unterschätzt werden. Je nach Schwierigkeitsgrad kann diese Phase sehr lange dauern. Versucht man beispielsweise die Vorstände aller im DAX notierten Unternehmen zu kontaktieren, so ist es leicht verständlich, dass diese Menschen nur sehr schwer in einer ruhigen Minute zu erreichen sind. Im Idealfall sollte ein genügend großes Kontaktvolumen bestehen, um ein ausgewogenes Maß an neuen Kontakten und Wiedervorlagen herzustellen.

Ebenfalls nicht zu unterschätzen ist die allseits gefürchtete **Urlaubsphase**. In dieser Zeit sind weniger Ansprechpartner zu erreichen.
Mit einem entsprechend hohen Volumen an Kontakten erreicht man all diejenigen, welche zur dieser Zeit nicht im Urlaub sind. Interessant und auch anzutreffen sind Ansprechpartner, welche Urlaub haben und trotzdem arbeiten. In diesen Fällen lässt sich das Eis schneller brechen, bzw. der Kunde ist schneller aktiviert.

Neben den Urlaubszeiten gibt es noch das Phänomen der Messezeit. Auch hier sind Ansprechpartner regional und in einzelnen Fällen wie der CeBIT oder der Hannover Messe auch überregional auf Reisen.

> Allerdings sollte man dieses Thema auch nicht überbewerten. Dies gilt speziell bei eigenen MItarbeitern. Hier lohnt es sich offene Gespräche zu führen, um den aktuellen Motivationsstand herauszufinden.

Der externe Dienstleister muss hierüber ganz **klare Transparenz vermitteln**. Es gibt sicherlich Tage oder sogar Wochen, in denen die Erreichbarkeit schlecht ist. Es sollte ein Vertrauensverhältnis bestehen, welches es dem Dienstleister erlaubt, offen und ehrlich diese Umstände auszusprechen.

Der erfahrene Dienstleister kennt diese Umstände aber. Diese Faktoren werden in der Beratung in Betracht gezogen und weiter erörtert.

Gleiches gilt für regelmäßiges Feedback. Dieses muss offen und direkt gegeben und genommen werden.

C. Einsatzmöglichkeiten des ausgegliederten Dialog-Marketings

Das Dialog-Marketing bietet eine Vielzahl von möglichen Einsatzfeldern. Einige sollen hier genannt und erörtert werden[18]:

- Neukundenakquisition
- Kundenbetreuung
- Vertriebspartnerschafts-Networking
- Kooperationspartnerschafts-Networking
- Event Vorbereitung
- Event Nachbereitung
- Imagebildung
- Markenbildung
- etc.

Neukundenakquisition

Dieses Buch bezieht sich bereits zu einem Großteil auf die Akquisition von Neukunden oder dem Anbahnen von Gesprächen mit Kaltkontakten. Der Dialog ist hier besonders förderlich. Denn die zweiseitige Kommunikation liefert sofortige Ergebnisse und Antworten. Während man mit einseitig kommunikativen Verkaufsförderungstätigkeiten nie genau weiß, wie der potentielle Kunde reagiert, erhält man im Dialog sofort ein Feedback. Viele Marketing Manager wundern sich, dass ihr hochgelobtes und teures Mailing, welches nun auch noch mit Öffentlichkeitsarbeit unterstützt wurde, nicht funktioniert. Hier werden Thesen entwickelt und neue Strategien geformt, ohne das Naheliegende zu unternehmen: Nämlich den Kunden zu fragen.

Der erste Schritt der Neukundenakquisition sollte somit unbedingt den Dialog zum Kunden beinhalten. Bei einem großen Volumen an Kontakten lohnt es sich beispielsweise die so genannten High-Potentials herauszupicken. Diese können unter anderem mittels einer ABC-Analyse gefunden werden.

Ein sehr wichtiges Argument für die Ausgliederung der Neukundenakquisition ist der so genannte „Burn-Out-Effekt“. Dieser tritt bei Vertriebsmitarbeitern ein, wenn diese zu viel telefonieren müssen und nicht mehr dazu kommen, persönliche Kontakte zu pflegen. Er kann auch eintreten, wenn der Mitarbeiter über mehrere Tage hinweg keine Termine generieren kann und somit sein Geschäftsfeld gefährdet sieht. Das Outsourcing beugt diesem Effekt positiv vor, denn der Mitarbeiter kann nun das machen, wofür er berufen wurde: persönlich bei dem Kunden seine Arbeit leisten.

Kundenbetreuung

Um Kunden langfristig zu binden, müssen nachhaltige Gespräche geführt werden. Dies wurde bereits in Kapitel IV B und C besprochen. Der Kontaktierungszyklus in Abbildung 7 sollte eingehalten werden. Kunden müssen, soweit sie dies nicht ausdrücklich ablehnen, kontinuierlich betreut werden.

Vertriebspartnerschafts-Networking

Das Knüpfen von Vertriebspartnerschaften kann nicht mit einem einfachen Mailing oder einem einmaligen Außendiensttermin realisiert werden. Auch hier steht die nachhaltige Betreuung im Mittelpunkt.
Hier variiert die Möglichkeit des Dialoges mit dem Vertriebspartner, denn man kann entweder:

- Vertriebspartner akquieren und ein standortbezogenes Netz aufbauen

- Vertriebspartner direkt mit Dialog-Marketing unterstützen, also in dessen Namen telefonieren
- Vertriebspartner indirekt unterstützen, in dem man selber das eigene Image und die Marke ausbaut

Vertriebspartnerschaften ermöglichen einen kosteneffizienten Verkaufskanal, welcher mit eigenen oder subventionierten Ressourcen Kunden gewinnt und betreut.

Kooperationspartnerschafts-Networking

Kooperationen werden meistens mit Komplementäranbietern eingegangen. Somit haben beide einen Wertgewinn. Kooperationspartnerschaften können auch als Win-Win-Relationship bezeichnet werden. Denn beide Seite können ihr Leistungsangebot ausbauen und dabei gegenseitige Kontakte nützen. Oftmals können somit auch neue Geschäftsfelder erschlossen werden, denn Service und Umsetzung übernimmt der Kooperationspartner.

Das Finden von Kooperationspartnern bedarf gewissen Skills, denn man muss den Ansprechpartnern vorerst den Mehrwert verdeutlichen. Das Argument, „wieso sollte ich meinen Geschäftsbereich ausweiten, mein Unternehmen ist sowieso ausgelastet“ sollte niemanden abschrecken, sondern im Gegenteil zu einem Dialog motivieren. Die meisten Kooperationspartner müssen erst das Potential erkennen.

Event-Vorbereitung

Ein Event wie eine Messe, ein Kongress, eine Roadshow oder eine Pressekonferenz muss gut vorbereitet sein, da die Fix-Kosten meist sehr hoch sind. Dementsprechend bedarf es einer guten Kundenvorbereitung, so dass sich die Investitionen amortisieren. So viele Kunden oder Interessenten wie möglich sollten beispielsweise den Stand auf einer Messe besuchen.

Noch besser ist es, wenn der Vertrieb auf der Messe bereits Termine mit Interessenten hat. Dialog-Marketing unterstützt die zweiseitige Verkaufsförderung auf der Messe, indem es Grundlagen und Basiswissen liefert. Informationen wie Einstellung zu den Thematiken oder Bedürfnissen, bzw. Bedarf der Kunden können im Vorfeld eruiert werden. Somit entfällt auf der Messe die unnötige und teilweise lästige „Fragestunde". Ein Beispiel soll im Folgenden illustriert werden.

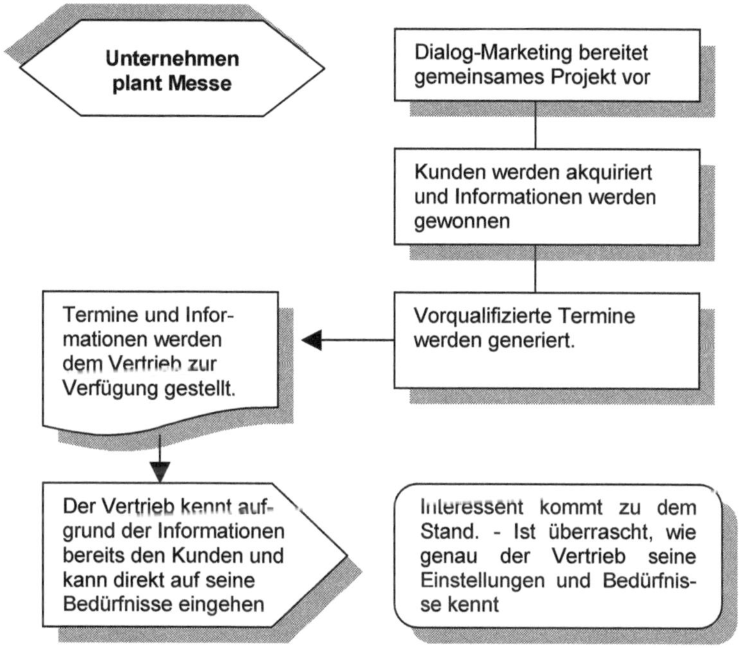

Abbildung 27: ***Optimale Vertriebsvorbereitung bei Events***

Die Vorteile einer derartigen Vorbereitung liegen klar auf der Hand: der Vertrieb realisiert einen Überraschungseffekt und der Kunde fühlt sich von Anfang an gut betreut. Moderne Smart-Card Verfahren machen es sogar möglich, Kunden eine eigene Karte zukommen zu lassen, welche sie bei Betreten des Standes automatisch identifiziert und die im Dialog-Marketing gesammelten Informationen direkt im Display des Vertriebs oder der Infotheke erscheinen lässt.

Event Nachbereitung

Die Nachbereitung ist ebenfalls sehr wichtig. Speziell nach einer Messe, in welcher unheimlich viele Eindrücke gesammelt werden, ist es essentiell, die Eindrücke des eigenen Standes noch einmal zu untermauern. Die Flut an Prospektmaterialien, welche jeder erdenkliche Interessent per Post und Email erhält, ist nicht zu unterschätzen. Daher ist auch hier ein Dialog sehr förderlich. Nach Roadshows oder Konferenzen ist es neben der Akquisition auch wichtig, ein Feedback zu erhalten. Nur so wird sichergestellt, dass die gewünschten Ziele auch erreicht wurden. Speziell bei Pressekonferenzen wird so auch noch einmal die entscheidende Beziehung zu den Redakteuren und Journalisten gefördert.

Imagebildung

Zeit ist Geld. Daher ist ein Unternehmen, welches die Zeit für einen jeden Kunden aufbringt ein „wohlhabendes“ Unternehmen. Viele Kunden wissen den Dialog und auch die Möglichkeit der Diskussion sehr zu schätzen. Dass man sich die Zeit nimmt, auch wenn gerade keine Investitionsbereitschaft besteht, wird hoch angerechnet. Die Zeit, die sich ein Vertriebsmitarbeiter nimmt, um sich mit einem Kunden zu unterhalten, welcher kein Interesse hat, wird ebenfalls hoch angerechnet. Das ehrliche und offene Interesse steigert das Image.

Gleichsam bedeutend für das Image ist der in Kapitel III angesprochene Erstkontakt des Kunden. Wenn ein neuer Kunde zum ersten Mal anruft, so muss alles stimmen. Wenn alle Mitarbeiter auf den Dialog mit dem Kunden eingestellt sind, so ist die erste Hürde genommen.

Markenbildung

Je mehr man über etwas spricht, umso eher verfestigt es sich in der Erinnerung. Der Dialog fördert die Einprägung bestimmter Begriffe oder Marken. Je öfter über die Marke gesprochen wird, umso besser! Die einseitige Kommunikation ist dazu nur unter sehr hohen Kosten (wie TV-Spots, etc.) in der Lage. Im Dialog kann die Marke dagegen immer wieder erklärt und wiederholt werden. Dies bildet und festigt im Wesentlichen das Markengedächtnis.

D. *Zwei elementare Bausteine*

Auch wenn die Gefahr besteht, etwas zu erklären, was jedem bewusst sein sollte, so werden an dieser Stelle trotzdem zwei grundlegende Elemente einer jeden guten Verkaufsförderung beschrieben:

- Der Verkaufstrichter (Sales Funnel)
- Die Notwendigkeit einer guten Datenbank

Der Verkaufstrichter beschreibt im eigentlichen Sinne die Soll-Erwartung. Diese muss im Laufe eines jeden Projektes mit der Ist-Situation abgeglichen werden.

Der Verkaufstrichter ist eine Wirtschaftlichkeitsanalyse, welche den Input mit dem Output vergleicht.

Im Falle des Dialog-Marketings lässt man oben die Gesamtzahl der Kontakte (Input) einfließen und prognostiziert, wie viele Termine oder Geschäfte (Output) hierbei entstehen.

Dieses Werkzeug ist vor allem in der Planung und in dem Soll/Ist Vergleich elementar. Basierend hierauf kann beispielsweise die Effektivität oder die Wirtschaftlichkeit gemessen werden.

Abbildung 28: ***Der Verkaufstrichter (Sales Funnel)***

Beispiel:

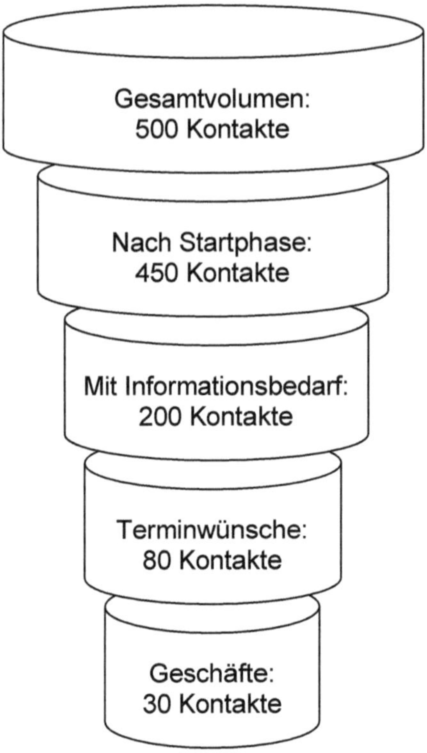

Beispiel eines klassischen Verkaufstrichters mit einer gehobenen Schwierigkeitsstufe:

Aus 500 Anfangskontakten ergibt sich ein Informationsbedarf von 40%. Insgesamt entsteht eine Terminquote von 16%. Wenn der Außendienstmitarbeiter gut ist und das Angebot stimmt, so kann man eine Realisationsquote von z.B. 6% erreichen.

*Man kann auch von der **Katalysationsphase** (Trennung von Nicht-Interessent und Interessenten), **Persuationsphase** (Überzeugung), **Terminierungsphase** (Generierung von Terminen) und **Realisationsphase** (Geschäftsabschluss) sprechen.*

Abbildung 29: *Beispiel eines Verkaufstrichters im Dialog-Marketing*

Es ist zu beachten, dass die Prognose ganz stark von dem Team, dem Unternehmen und der Zielgruppe abhängt und sehr individuell ist! Dieser Sales Trichter muss unbedingt mit allen Beteiligten (sofern möglich) erstellt werden. Zur Prognostizierung von Kundendaten unbedingt verlässliche Benchmarks (Vergleichswerte) nutzen, bestenfalls aus Primärdaten, wie beispielsweise der Absatz im letzten Quartal.

Der Verkaufstrichter stellt somit ein elementares Werkzeug für die Zielsetzung, die Budgetierung und die Corporate Governance (inkl. Controlling) dar.

Die Notwendigkeit einer guten Datenbank sollte eine evidente Grundsätzlichkeit sein.

Der Satz:

Die Datenbank ist die Wirbelsäule eines jeden Vertriebs.

muss eigentlich lauten

Die Datenbank ist die Wirbelsäule eines jeden Unternehmens!

Die Technologie macht es heutzutage möglich, dass auch eingehende Telefonate (Teilnehmer mit Rufnummeranzeige) mittels ISDN identifiziert werden können. Dieser Kontakt erscheint direkt auf dem Bildschirm mit Bericht und Hintergrund-Informationen, gelesen aus der zentralen Datenbank. Die Vermittlung kann somit den Kunden an den richtigen Vertriebsmitarbeiter weiterleiten, welcher auf die gleiche Datenbank zugreift.

Eine gut gepflegte Datenbank gibt Informationen zu jedem Kontakt, zu dem chronologischen Ablauf und den mit diesem Kontakt verbundenen Prozessen.

Daher ist es auch wichtig, sofern die Verkaufsförderung ausgegliedert wird, dass die Datenbank immer auf dem aktuellen Stand ist. Hierfür eignen sich am besten so genannte webbasierte Datenbanken. Diese können von überall aus aufgerufen und je nach Zugriffsrechten bearbeitet werden.

Da eine Datenbank zur Kundenpflege aus Marketinggründen nicht einfach „Datenbank“ heißen darf, werden diese seit langem auch als „CRM Tools“ bezeichnet. Die Funktionalitäten sind genauso weitreichend wie die Preisfantasien; einfache solide Werkzeuge sind aber auch günstig zu erwerben.

Eine Datenbank sollte mindestens folgende Kriterien erfüllen:

- Detaillierte Übersicht über den Kontakt mit allen Daten zu Filialen, weiteren Ansprechpartnern, etc.
- Möglichst viele frei definierbare Felder, damit individuell als wichtig erachtete Informationen abgelegt werden können.
- Ein freies Feld für persönliche Informationen (Notizen).
- Einen Kalender, in welchem Termine und Wiedervorlagen geplant werden können.
- Filterfunktionen, um Auswertungen zu erstellen.
- Im- und Exportfunktionen
- Aktualisierungs- und Synchronisationsfunktionen

Verschiedene Office Pakete enthalten diese Möglichkeiten, sowohl Linux als auch die Microsoft Pakete geben grundsätzliche Möglichkeiten für eine Datenbankfunktion.

Die Pflege der Datenbank ist genauso wichtig. Es muss sichergestellt werden, dass alle Ansprechpartner korrekt sind, falls man Mailings oder ähnliches erstellen möchte.

Wenn neue Mitarbeiter eingestellt werden oder die Verkaufsförderung ausgegliedert wird, so kann man mit einer gut gepflegten Datenbank jeden Kontakt nachvollziehen und Missverständnisse oder doppelten Kontaktierungen werden vermieden.

E. *Verkaufsförderung als Bindeglied verschiedener Geschäftsprozesse*

Die Verkaufsförderung sollte im eigentlichen Sinne als Bindeglied aller Geschäftsfelder und damit verbundenen Geschäftsprozesse verstanden werden. Denn der Kunde muss in alle Prozessen mit einbezogen werden. Da sich die Grundregel „Gebe niemals mehr aus, als Du verdienst" im Wesentlichen auf den Verkaufsprozess bezieht, sollte das Ziel der Verkaufsförderung immer im Unterbewusstsein verankert sein. Denn es muss Geld verdient werden – ein Profit muss erzielt werden und das geht nur mit dem Kunden.

Zur Schematisierung der Prozessketten wurde der Wertkettenansatz nach Porter gewählt. Die Begründung liegt in der Aktualität, welche aus den Trends der Jahrzehnte entstanden ist.

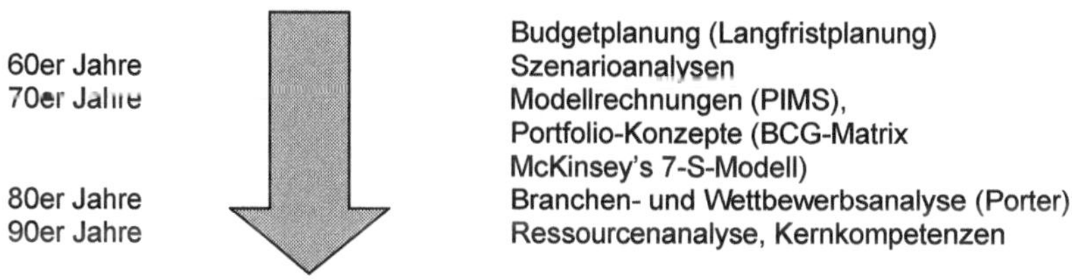

Abbildung 30: Die Entwicklung des strategischen Denkens[19]

Die in den 80er Jahren entstandene Branchen- und Wettbewerbsanalyse in Verbindung mit dem Trend der 90er, die Ressourcen und die Kernkompetenzen zu analysieren, liefert eine vortreffliche Basis für die Erörterung der Verkaufsförderung als Bindeglied verschiedener Geschäftsprozesse.

Ableitend aus der auf den folgenden Seiten besprochenen Wertkette nach Porter werden die Geschäftsfelder und die damit verbundenen Geschäftsprozesse genutzt um den Einsatz von Dialog-Marketing aufzuweisen.

Die Prozesskette der verschiedenen Geschäftsfelder in der Betrachtung nach Porter gestaltet sich folgendermaßen:

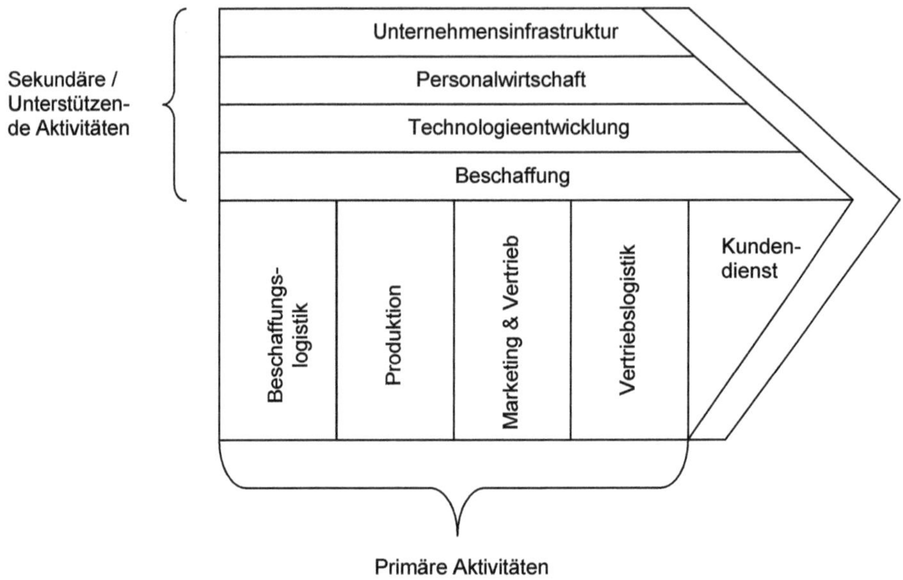

Abbildung 31: ***Wertketten Ansatz nach Porter***[20]

Die Wertkette dient eigentlich als analytisches Instrument. Sie gliedert ein Unternehmen in strategisch relevante Tätigkeiten, um dadurch Kostenverhalten sowie vorhandene und potentielle Differenzierungsquellen zu verstehen. Die Wertkette eines Unternehmens ist in einen breiteren Strom von Tätigkeiten eingebettet, den man Wertesystem nennt. Ein wesentlicher Vorteil dieser Art von Wertschöpfungsanalyse ist, dass sie die Nahtstelle zu vor- und nachgelagerten Wertketten verdeutlicht.[21] Der Einsatz von Dialog-Marketing als verkaufsfördernde Maßnahme ist in den meisten Kettengliedern der Wertschöpfungskette präsent. Dialog-Marketing kann beispielsweise auch in der Beschaffungslogistik angewandt werden. Der Begriff des Beschaffungsmarketings[22] ist sicherlich nicht nur bei Logistikern bekannt. Speziell bei dem Prozess, Lieferanten zu finden und zu binden, ist das Dialog-Marketing ein förderliches Werkzeug.

Generell kann man die Verkaufsförderung als Bindeglied zwischen Marketing und Vertrieb verstehen. Die Frage, ob erst Marketing und dann Vertrieb initiiert werden soll, ob diese Prozesse gleichzeitig oder umgekehrt gestartet werden können, kann nur individuell beantwortet werden.

Das Dialog-Marketing als Hauptwerkzeug der Verkaufsförderung ist somit ebenfalls als Schnittmenge beider Prozesse anzusehen.

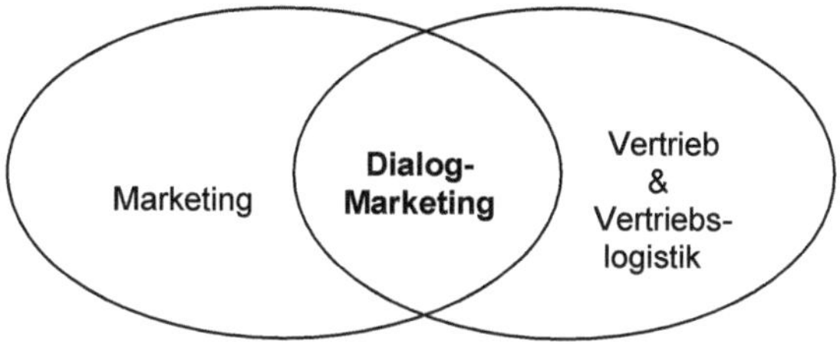

Abbildung 32: ***Dialog-Marketing als Bindeglied zweier Prozesse***

Im eigentlichen Sinne kann das Dialog-Marketing und dessen Resultate aber auch prozessübergreifend verwendet werden.

Die folgenden Beispiele führen mögliche Einsatzmöglichkeiten für diverse Geschäftsprozesse aus den primären Aktivitäten sowie weiteren Unternehmensaufgaben auf.
In der **Beschaffungslogistik** kann das Dialog-Marketing zur Förderung des Beschaffungsmarketings eingesetzt werden. Lieferanten können im Dialog sondiert und akquiriert werden.

Entscheidungen in der **Produktion**, bzw. auch schon vorher in der Entwicklung können auf die Informationen aus dem Dialog-Marketing basiert werden. Denn im Dialog mit dem Kunden werden Einstellungen und Bedürfnisse erörtert. Diese Informationen können in die Entwicklung und Fertigung einfließen.

Die Geschäftsbereiche **Marketing**, **Vertrieb** und **Vertriebslogistik** sind in den vorherigen Kapiteln bereits ausführlich beschrieben worden. Gleiches gilt für den **Kunden-Dienst**.

Speziell in der **Unternehmensführung** sind die Informationen des Dialog-Marketings als Entscheidungshilfen wichtig. Denn hier wird der transparente Einblick in den relevanten Markt gegeben. Entscheidungen werden somit nicht basierend auf Prognosen, sondern bildlich gesprochen direkt mit und für den Kunden getroffen.

Der Einsatz von Dialog-Marketing zur Verkaufsförderung in verschiedenen Geschäftsprozessen bedarf eines strategischen Planungsprozesses. Gemäß dem Prinzip „structure follows strategy"[23] sollte der *strategische fit* gefunden werden.

Dieser *strategische fit* basiert auf der Umweltanalyse und der Unternehmensanalyse. Basierend hierauf kann die beste verkaufsfördernde Strategie gewählt werden. Nicht immer muss dies Dialog-Marketing sein. Oftmals empfiehlt sich eine Marketingkonzeption, welche die Strategieauswahl im Gesamten unterstützt.

Die folgende Abbildung zeigt einen schematischen Aufriss des strategischen Planungsprozesses mit seinen einzelnen Elementen und Stufen[24]:

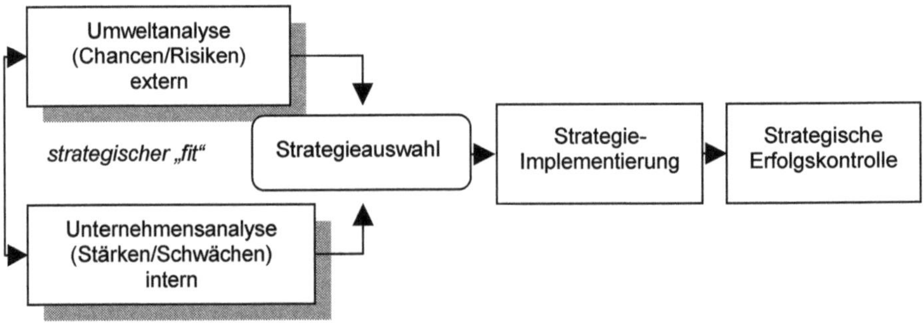

Abbildung 33: *Der strategische Planungsprozess*

Bei der Strategieauswahl sollte eine umfassende Marketingkonzeption erarbeitet werden. Alle bekannten Werkzeuge können je nach strategischem fit eingesetzt werden.

Mit Hilfe der strategischen Betrachtung kann die operative Umsetzung in alle Geschäftprozesse integriert werden. Eine Möglichkeit dieser bereichsübergreifenden Denkweise soll hier gegeben werden:

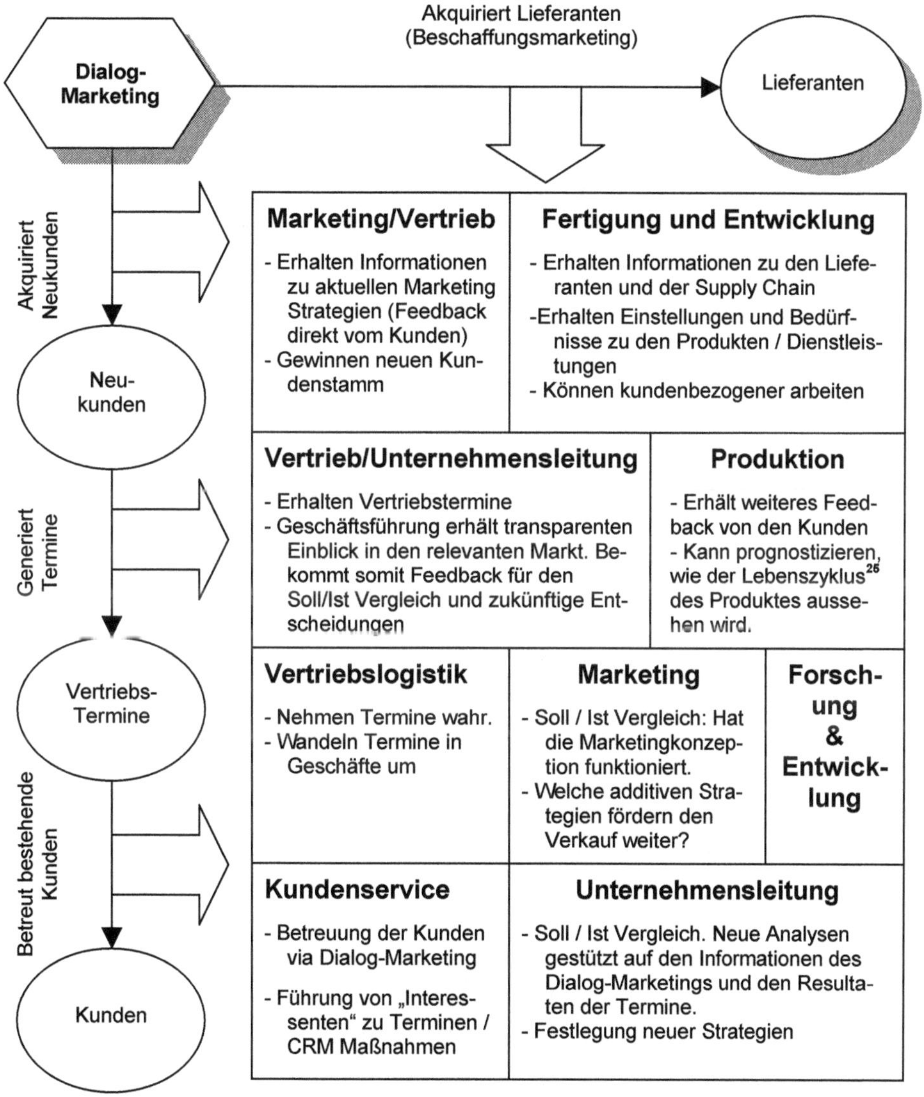

Abbildung 34: ***Dialog-Marketing für verschiedene Geschäftsbereiche***

Die Verantwortlichkeitsfrage oder die Klärung welcher Unternehmensbereich für das Dialog-Marketing zuständig ist, lässt sich aus der oben angeführten Grundlage ableiten.

Sofern die Verkaufsförderung durch das Dialog-Marketing gestützt wird, sollte ein eigener Kompetenzbereich hierfür geschaffen werden. Dieses Geschäftsfeld wird im Zusammenhang mit der Verkaufsförderung oftmals als *Vertriebsinnendienst* bezeichnet. Die bevorzugte Führungsperson dieses Geschäftsbereiches ist der Vertriebsleiter. Dieser sollte die größte Erfahrung in Bezug auf die Kunden haben und somit alle nötigen Kompetenzen vorweisen. Als Knotenpunkt im Kunden-Unternehmensverhältnis bringt er auch genügend soziale Kompetenz mit, um ein Team zu verstehen. Die Führungskompetenzen muss man notfalls in Form der Personalentwicklung steigern.

Die genaue organisatorische Einteilung wird in dem nächsten Kapitel besprochen.

Zusammenfassend wird deutlich, dass die Verkaufsförderung durch den Dialog mit dem Kunden alle Geschäftsprozesse durchzieht. Die Philosophie der Förderung des Verkaufes gestützt auf die Informationen der Ansprechpartner und den Vereinbarungen mit dem Kunden sind in allen Prozessen elementar. Wichtig wird, wie in Kapitel V A 1 beschrieben, das Wissensmanagement. Die Informationen, die gewonnen werden, müssen den einzelnen Prozessen gerecht katalysiert und zur Verfügung gestellt werden.

Erst wenn die Informationsstruktur geregelt ist, beispielsweise durch eine Zugriffsrechtgesteuerte Datenbank, können die einzelnen Geschäftsbereiche mit den gewonnenen Daten erfolgreich arbeiten.

VI. Einflussbereich des Dialog-Marketings in der Unternehmensorganisation

Basierend auf dem vorangegangenen Kapitel lässt sich der Einflussbereich auf zwei wesentliche klassische organisatorische Zweckmäßigkeiten einteilen:

- Dialog-Marketing in der Stabfunktion
- Dialog-Marketing in der Linienfunktion

Selbstverständlich findet sich das Dialog-Marketing als Werkzeug der Verkaufsförderung auch in jeder anderen Organisationsform wie beispielsweise der Tensor-Organisation oder der Matrix-Organisation wieder. Diese zwei Grundbeispiele dienen aber hervorragend, um den Einflussbereich grundsätzlich zu beschreiben.

Dialog-Marketing in der Stabfunktion

Die Stabfunktion ist das rein beratende Organisationselement in der Stab-Linien Organisation. Im Gegensatz zu der Linienfunktion, ist diese Funktion nicht exekutiv wirksam.

Das Dialog-Marketing dient in dieser rein beratenden Funktion als originäre Quelle von Informationen. So werden im Laufe der Gespräche Informationen mit verschiedenen Potentialen gewonnen.

Da guter Rat auf gute Informationen beruhen muss, und die besten Informationen meist direkt vom Kunden kommen, kann die Bindung an das Dialog-Marketing ein wichtiger Prozessbaustein sein. Wichtig ist, dass diese Informationen noch einmal gefiltert werden. Denn nicht alles was der Kunde fordert oder sagt, kann auch geradewegs umgesetzt werden.

Somit ist es Teilaufgabe der Stabsstelle, die gesammelten Daten auszuwerten und in die Strategieempfehlungen zu integrieren. Die Prozesskette hierfür kann wie folgt aussehen:

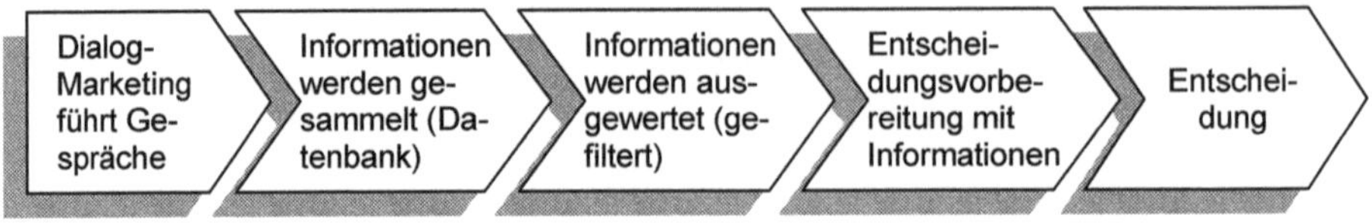

Abbildung 35: ***Dialog-Marketing als Funktion in der Stabsstelle***

Dialog-Marketing in der Linienfunktion

In der ausführenden Funktion ist das Dialog-Marketing generell als eigener Geschäftsbereich zu betrachten. Diese Möglichkeit wurde bereits ausführlich in den vorigen Kapiteln besprochen.

Wichtig ist es, im Organigramm festzuhalten, wem dieses Ressort unterteilt ist, wer es führt und an wen es berichten muss. So lange dies im Unternehmen durchgeführt wird, ist es an der Organisationsabteilung, dieses Ressort einzuteilen. Generell wird dies entweder dem Marketing oder dem Vertrieb (bzw. beiden) Abteilungen untergeordnet.

Im Falle der Ausgliederung könnten die Beziehungen wie folgt gestaltet werden:

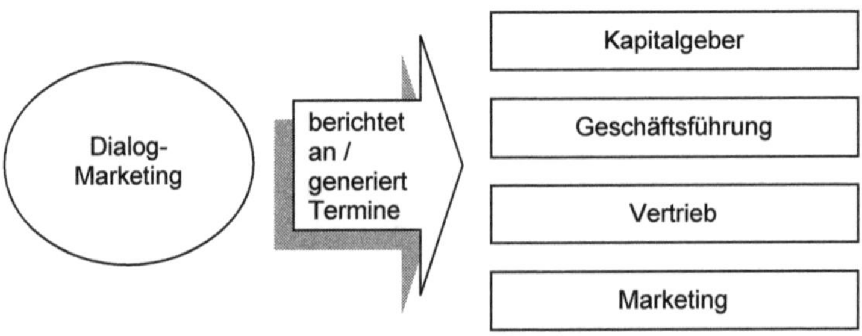

Abbildung 36: ***Beispielorganisation ausgegliedertes Dialog-Marketing***

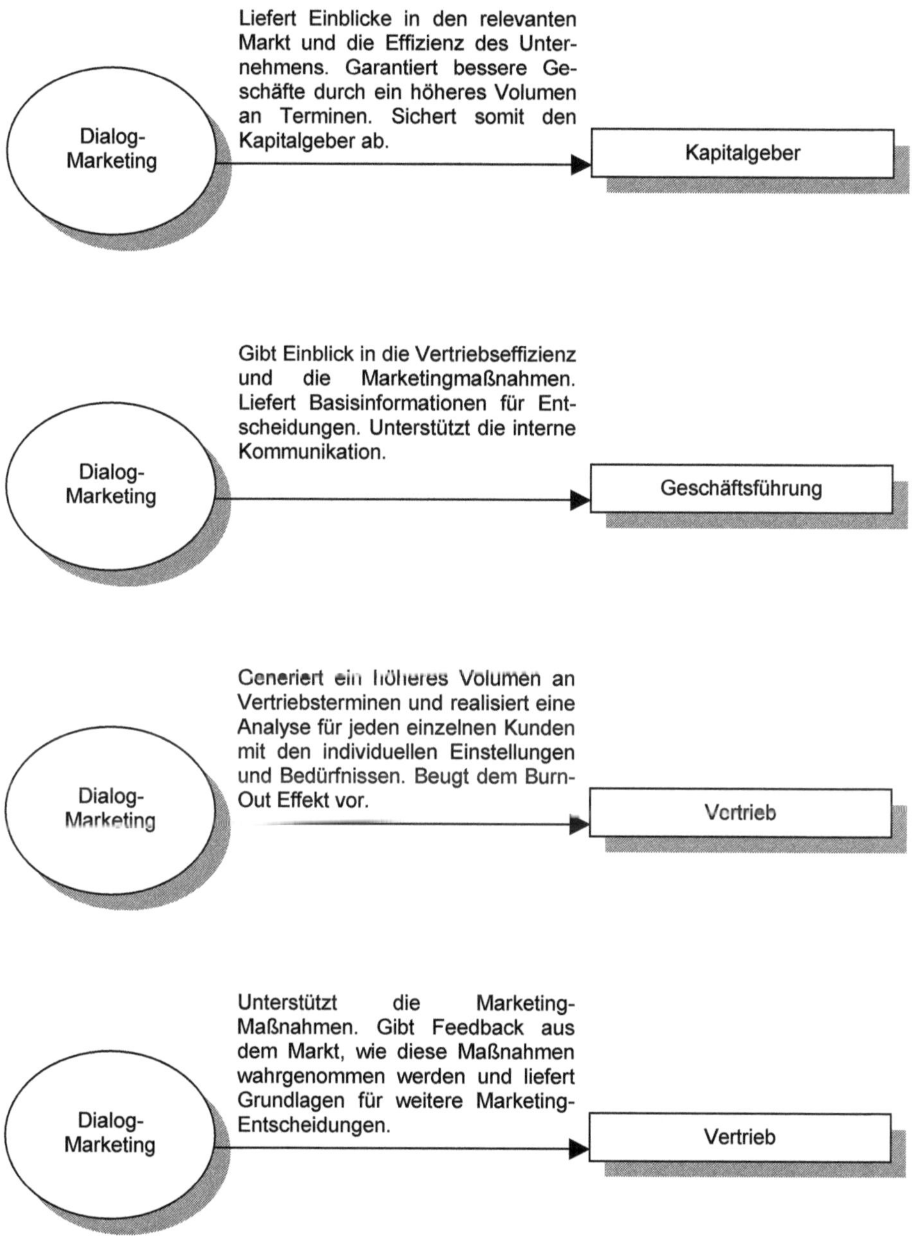

Abbildung 37: ***Beschreibung der Beispielorganisation***

Weiterer Vorteil der Ausgliederung liegt in der Objektivität der Betrachtung. Wenn die Organisation auf die Informations- und Dienstleistungsbelange abgestimmt ist, so können alle Stabstellen einen objektiven Einblick und somit auch unabhängige Informationen erhalten. Die Linienstellen können aktiv werden, da ihre Zeit und Arbeit entlastet wird. Der Vertrieb kann beispielsweise seiner wahren Berufung nachkommen und wieder vorherrschend persönliche Termine wahrnehmen und „draußen“ beim Kunden sein.

Die Organisation ist ebenfalls Teil der internen Strategieplanung. Dieser Prozess trägt zu einem effizienten Funktionieren und erneut zur Akzeptanz aller Mitglieder bei.

VII. Budgetierungsansätze

Wichtiger Bestandteil einer jeden Planung und nachhaltig erfolgreichen Durchführung ist die Budgetierung. Die folgenden Annahmen und die Beispielbudgetierung sind aus der Praxis genommen. Etwaige Preis- oder Rechenbeispiele wurden mit den Erfahrungswerten aus der Planungsperiode 2002/2003 genommen.

Die Beispielkalkulation bezieht sich hierbei auf eine interne Lösung und auf die Ausgliederung der Verkaufsförderung. Diese wird gegen den internen Einsatz von Fachkräften gerechnet.

Um ein praxisnahes Beispiel zu liefern müssen einige <u>stark vereinfachte Annahmen</u> getroffen werden. Diese Annahmen sind zum Teil auf volle Hundert oder volle Tausend aufgerundet, um besser rechnen zu können.

Als Grundlagen wurden die Erfahrungen eines Dienstleisters und größtenteils Lohn- und Gehalts-Statistiken aus dem Handelsblatt verwendet.

Interne Lösung (auf Annahmen basierend)

Personal

- Eigene Kraft im Dialog-Marketing, verantwortlich für Telefonaktionen: 1.200,00 Euro Brutto bei einer 30 Stundenwoche (befristeter Vertrag auf 1 Jahr).
- Vertriebsleiter als Führungskraft der eigenen Abteilung; dieser Verantwortlichkeitsbereich nimmt ca. 10 Stunden pro Woche in Anspruch (Reine administrative Arbeit: ohne Akquisition und Terminwahrnehmung): 3.800,00 Euro Brutto bei einer 40 Stundenwoche.
- Eigene Marketing-Kraft, verantwortlich für Öffentlichkeitsarbeit, Web-Präsenz und Informationsmaterialien: 1.900,00 Euro Brutto bei einer 30 Stundenwoche.
- Assistenzkraft, verantwortlich für den Back-Office Bereich. Tätigkeiten nehmen ca. 15 Stunden die Woche in Anspruch: 1.000,00 Euro Brutto bei einer 30 Stundenwoche.
- Stabstelle, welche die Informationen auswertet, Statistik erstellt und Entscheidungsfindung vorbereitet: wie Marketing Mitarbeiterin, ca. 15 Stunden die Woche.
- IT-Administrator, mit ca. 5 Wochenstunden verantwortlich für die Wartung und Pflege der CRM-Datenbank: 2.500,00 Euro Brutto bei 40 Wochenstunden.

Telefon- und Internetkosten

- Angenommen werden ca. 0,05 Eurocent die Minute und eine Flatrate für 30,00 Euro für das Internet.
- Angenommen werden 6 Stunden an Telefonarbeit pro Mitarbeiter pro Tag (18,00 Euro pro Person).
- Alle weiteren Kosten wie Miete werden außen vor gelassen, da die Räumlichkeiten in jedem Fall vorhanden sein sollten.

PC- und Mobiliarkosten

- Pro Mitarbeiter ein PC im Wert von 1.500,00 Euro inkl. Peripherie und Software plus beispielsweise ein Server.
- Pro Mitarbeiter Mobiliar im Wert von 1.800,00 Euro inkl. Tische, Telefon, etc.

Sonstige Kosten

Die sonstigen Kosten werden einmal außen vor gelassen. Ebenfalls unberücksichtig ist die Miete. Weiterhin unberücksichtigt sind Incentives, Bewirtung der Mitarbeiter oder ähnliches.

Somit können folgende monatliche Ausgaben für eine interne Lösung angenommen werden:

Position	Kosten (€)
1.0 Personal	
1.1. Eigene Kraft (2 Personen = ca. 200 Kontakte im Monat bei 1 Kontakt in der Stunde)	2.400,00
1.2. Führungskraft (Anteilig)	950,00
1.3. Eigene Marketing Kraft	1.900,00
1.4. Assistenzkraft	500,00
1.5. Auswertung der Informationen und Statistik (Stabsaufgabe d. Marketing)	1.200,00
1.6. IT-Administrator	315,00
2.0 Sozialabgaben und Steuer	
2.1. Sozialabgaben (25% anteilig)	1.820,00
2.2. Lohn- und sonst. Steuern	700,00
3.0 Telefon- und Internetkosten	1.200,00
4.0 PC- und Mobiliarkosten (auf ein Jahr umgelegt)	1.500,00
Monatliche Grundkosten (ohne Abschreibungen, etc.)	**12.485,00**

Tabelle 3: ***Berechnung interner Einsatz von Dialog-Marketing (c.p.[26])***

Diese Rechnung ist selbstverständlich stark vereinfacht. Sie dient lediglich als Orientierungshilfe für den Vergleich. (So kann man auch Positionen auslassen und dafür die unberücksichtigten Kosten mit einbeziehen (Zum Beispiel Urlaub/Krankheit bis hin zu der Miete). Es ist wahrscheinlich, dass man mit Mindestkosten von 11.000 bis 13.000 Euro rechnen sollte.

Neben den Kosten trägt das Unternehmen natürlich auch die Risiken wie Krankheit, Schwangerschaft oder Urlaub. Weiterhin kommen betriebliche Risiken wie die ökonomische Lage oder die Konjunktur hinzu.

Externe Lösung durch Outsourcing

- Pro Kontakt wird eine Pauschale von 15,00 Euro berechnet, wir gehen davon aus, dass im Monat 200 Kontakte bearbeitet werden.[27]
- Pro Termin wird eine Pauschale von 170,00 Euro berechnet. Bei einer konservativen Terminvereinbarungsquote von 12% entstehen somit 24 Termine im Monat. Für den Außendienstmitarbeiter also z.B. etwas mehr als ein Termin pro Werktag.
- Die Einschulung des externen Personals wird mit einem Tagessatz von 1.000,00 Euro und einem (eigenen) Verdienstausfall von 300,00 Euro angesetzt.
- Initialisierungs-/Betreuungs- und Abschlussberatung zu jeweils 1.500,00 / 800,00 und 1.200,00 Euro.
- Sonstige Provisionen, Annahme von insgesamt 6.000,00 Euro im Jahr (eher ungewöhnlich).
- Ausgliederung der Öffentlichkeitsarbeit (Mittlere Konzeption mit Präsentation und Durchführung, nebst Pressemitteilungen, etc.)[28] ca. 10.800,00 Euro.

Somit können folgende monatliche Ausgaben für eine interne Lösung angenommen werden:

Position	Kosten (€)
1.0 Kontakte & Termine	
1.1. Endgültige Bearbeitung von 200 Kontakten	3.000,00
1.2. Terminvereinbarungsquote 12%	4.080,00
2.0. Schulung (auf den Monat umgerechnet)	110,00
3.0. Beratungsaufwand (auf den Monat umgerechnet)	300,00
4.0. Sonstige Provisionen (auf den Monat umgerechnet)	500,00
6.0 Ausgliederung der Öffentlichkeitsarbeit (pro Monat)	900,00
Monatliche Grundkosten (ohne Abschreibungen, etc.)	**8.890,00**

Tabelle 4: ***Berechnung der Outsourcing-Lösung (c.p.[26])***

Gegenüberstellung

Wenn man nun bedenkt, dass in *Tabelle 3* keinerlei Risiken abgedeckt sind, Umstände wie Urlaub und Krankheit unberücksichtigt geblieben sind, so kann man sagen, dass diese Berechnung *niedrig gerechnet* ist.

Im Gegensatz hierzu ist in der *Tabelle 4* beispielsweise der Posten „Sonstige Provisionen“ mit angesetzt, dies soll verdeutlichen, dass diese Berechnung *hoch berechnet* wurde.

Es kann sich somit ein Gegensatz ergeben – im Jahr immerhin zwischen beispielsweise 35.000 und 45.000 Euro. Dies liegt an den Vorteilen des Outsourcings. Neben der Risikoeingrenzung profitiert man von dem fundierten Know-How, Fachwissen und den Erfahrungen der Mitarbeiter.

Outsourcing kann somit in vielen Fällen als die bessere Alternative angesehen werden.

Budgets

Nachdem die monatlichen Basiskosten, wenn auch nur grob vereinfacht, erörtert wurden, kann man nun die Budgets in ihren Grundzügen besprechen.

In der Marketingkonzeption wird man schnell feststellen, dass es kaum möglich ist, den Vertriebsmitarbeiter jeden Tag in der Woche auf Reise zu schicken. Diese Person ist beispielsweise insgesamt gesehen mindestens für 1,5 Monate wertschöpfend mit Messen, Roadshows oder Open-House Veranstaltungen beschäftigt.

Weiterhin hat er mindestens 1,5 Monate Urlaub im Jahr. Gehen wir von 3% Krankheitsausfall aus, so ist dies eine weitere Woche. Oftmals ist der Mitarbeiter bei Vertragsverhandlungen, Geschäftsabschlüssen und dem weiteren Projektgeschäft wertschöpfend mit eingebunden, was weitere 2 Monate ausmachen kann, (c.p. [26]). Berechnet man einen so genannten wirtschaftlichen Puffer von 15% (für unvorhersehbare Tätigkeiten), verbleiben 6 Monate. Somit steht er der Unternehmung im Jahr mit knapp 7 Monaten für Vertriebstermine zur Verfügung. Ausgehend davon, dass er bundesweit arbeitet, kann man von ca. 8 Terminen die Woche sprechen, An- und Abreise, Tagesgeschäft und Berichterstattung sind mit zu berücksichtigen.

Somit kann folgende Rechnung aufgestellt werden:

Bezeichnung	Anzahl
Aktive Vertriebswochen	ca. 24 Wochen
Termine pro Woche	8 Termine
Mögliche Absager	2 Termine pro Woche
Benötigte Termine	10 Termine pro Woche
Davon vom Vertrieb durch Beziehungen, Messen, etc. selbst gelegte Termine	ca. 50 Termine im Jahr
Benötigte Termine (von extern)	**190 Termine pro Jahr**

Ausgehend von der oben genannten Terminvereinbarungsquote von 12% kann man von einem Kontaktvolumen von ca. 1.500 Kontakten im Jahr sprechen.

Budgetierung bei interner Lösung:

Sofern man selber Mitarbeiter anstellt und ein eigenes Team aufbaut, muss man alle Mitarbeiter immer für das ganze Jahr bezahlen. Auch Urlaubs- und Krankheitszeiträume müssen mitkalkuliert werden. Die folgenden zusammengefassten Zahlen ergeben sich aus der Berechnung der internen Lösung.

Position	Kosten (€)
1.0 Personal	87.180,00
2.0 Sozialabgaben und Steuer	30.240,00
3.0 Telefon- und Internetkosten	14.400,00
4.0 PC- und Mobiliarkosten (einmalig)	18.000,00
Monatliche Grundkosten (ohne Abschreibungen, etc.)	**149.820,00**

Tabelle 5: ***Jahresbudget für interne Lösung***

Aufbauend auf der oben genannten Berechnung wären dies überschlagen **ca. 149.820,00 Euro im Jahr**. Und dies weiterhin mit allen personellen und wirtschaftlichen Risiken und ohne Berücksichtigung der Miete oder sonstiger Kosten.

Budgetierung bei externer Lösung

Gliedert man den gesamten Geschäftsbereich aus, so kann man den Bedürfnissen des Vertriebes angepasst arbeiten. Man kann beispielsweise über das Volumen an Kontakten steuern, wie viel man ausgibt. So lässt sich auch wesentlich einfacher budgetieren, da man die Auslastung mit einbeziehen kann.
Bei 1.500 Kontakten lässt sich folgende **grobe** Berechnung aufstellen:

Position	Kosten (€)
1.0 Kontakte & Termine	
1.1. Endgültige Bearbeitung von 1.500 Kontakten	22.500,00
1.2. Terminvereinbarungsquote 12%	32.300,00
2.0. Schulung (einmalig)	1.300,00
3.0. Beratungsaufwand (einmalig)	3.600,00
4.0. Sonstige Provisionen (einmalig)	6.000,00
6.0 Ausgliederung der Öffentlichkeitsarbeit (einmalig)	10.800,00
Monatliche Grundkosten (ohne Abschreibungen, etc.)	**76.500,00**

Tabelle 6: ***Jahresbudget für externe Lösung***

Das Outsourcing kann somit eine **Kostenersparnis** von **knapp 50%** bewirken.

Ein weiterer Vorteil ist die Aufteilung des Jahresbudgets auf „kleine Pakete", abgestimmt auf die einzelnen Maßnahmen.

Auf der folgenden Seite soll einmal ein (erneut sehr grobes) Beispiel gegeben werden, wie man welche Budgetbausteine zuteilen kann und das Budget für das Ressort der ausgegliederten Verkaufsförderung durch Dialog-Marketing erfolgreich einteilen kann.

Eine solche Einteilung wäre nur dann auch intern sinnvoll, wenn man für jedes Ressort einen erfahrenen Mitarbeiter engagieren kann. Dies ist somit von der Arbeitsmarktsituation abhängig, welche die Gehälter für erfahrene Arbeitssuchende reguliert.

Budgetbausteine bei externer Lösung

Stark vereinfachte Aufteilung des oben aufgeführten angenommenen Beispiel-Budgets:

Abbildung 38: ***Budgetbausteine bei externer Lösung***

Somit kann die Budgeteinteilung für den Bereich Dialog-Marketing in die oben genannten Pakete aufgeteilt werden. Dies ist nur ein mögliches Beispiel, ohne tiefer in die Grundzüge des Projektmanagements einzusteigen oder eine Zeiteinteilung vorzunehmen.

Ein weiterer Vorteil der Ausgliederung kann aus den Budgetierungsvorschlägen hervor gehen: Die Akzeptanz des Vertriebes kann gesteigert werden, da dieser sieht, dass die ausgegliederte externe Agentur leistungsorientiert arbeitet. Dementsprechend kann intern für diese Lösung argumentiert werden, da der Vertrieb sieht, dass sich die Agentur „anstrengen" muss, um überhaupt Umsatz zu generieren. Dementsprechend müssen die Kontakte und die Termine gut bearbeitet werden, damit es zu einer Abnahme seitens des Auftraggebers und somit des Vertriebes selber kommt.

Gleiches gilt für die Paketschnürung von Budgets. Denn der Vertrieb selber bestimmt, wie viele Termine er pro Monat benötigt. Wenn der Vertrieb dies im Vorfeld bereits prognostizieren kann, so ist es möglich, ein Ressortbudget aufzustellen, welches wesentlich übersichtlicher ist, als wenn man eigene Mitarbeiter beschäftigt. Hier kommt die Philosophie der gemeinsamen internen Kommunikation erneut zum Tragen.

Generell kann man über die Budgetierung sagen: *Eine einfache, verständliche und übersichtliche Budgetierung kann am Erfolg der Durchführung wesentlich beteiligt sein.*

Einen hohen Grad an Übersicht kann man erreichen, wenn man den Dialog zu den internen Ressorts pflegt und wenn man extern an die Kunden und den Markt herantritt. Oftmals ist das Geld in eine Marktübersicht gut investiert, sofern diese im Einklang mit der Verkaufsförderung und deren Maßstäben und Kriterien geschieht. Die Übersicht kann hier durch die ständig fließenden Informationen erreicht werden.

Budgetierung und Controlling

Genauso wichtig wie die Frage „was darf es kosten“ ist die Frage, ob die Kosten effizient gedeckt werden.

Hierzu muss man sich im Vorfeld auf Prognosen verlassen. Egal ob eine Trend-Exploration durchgeführt wird oder einfach eine heuristische Vermutung angestellt wird: unter dem Strich muss es sich rechnen.

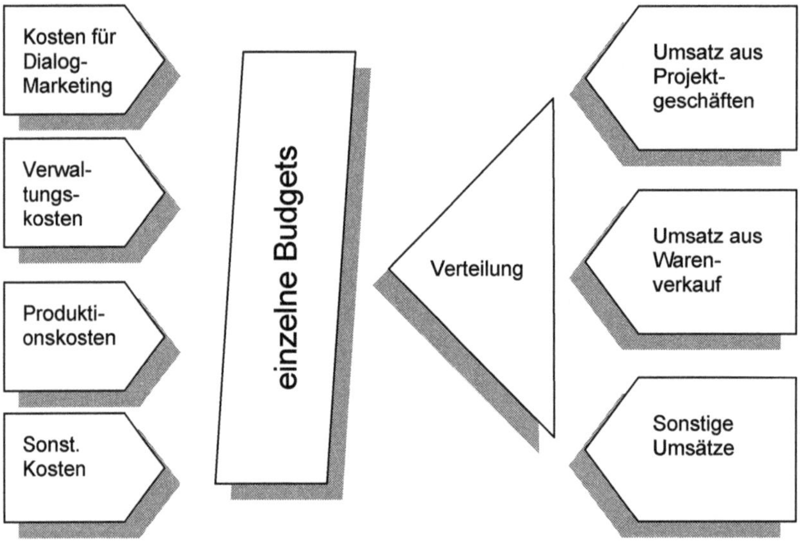

Abbildung 39: *Prognostizierte Deckung der Budgets*

Je nachdem, wie eine Unternehmung in der Preisfindung der eigenen Produkte und Dienstleistungen vorgeht, wird in den meisten Fällen wohl auch eine Deckungsbeitragsrechnung erstellt werden und dies meist mit prognostizierten Zahlen. Mehr hierzu erfährt man von seinem Controller.

Prognosen sind oftmals unscharf. Doch im Dialog mit der Zielgruppe und den Ressorts lässt sich eine relativ zuverlässige Einschätzung zur Budgetierung erreichen.

Da die Budgetierung stets individuell gestaltet ist, wird in diesem Buch nicht weiter auf die Verteilung eingegangen. Empfohlene Literatur wäre unter anderem:

- Deckungsbeitragsmanagement von Frank-Jürgen Witt Wahlen
- Prozesskostenorientierte Deckungsbeitragsrechnung von Katja Glaser
- Controlling von Peter Horvath

Bei einer externen Lösung sollte grundlegend auf die Transparenz geachtet werden. Wichtige Punkte bei der Betrachtung sind:

- Leistungsorientierte Berechnung - und hierbei:
    - Berechnung von Terminen nach der Prüfung seitens des Vertriebes
    - Berechnung der Kontakte erst bei vollständiger und endgültiger Bearbeitung
    - Umsatzbeteiligung bei kurzfristiger Geschäftsanbahnung
    - Provision abhängig von Erfolgen
- Bezahlung der Mitarbeiter des externen Dienstleisters möglichst ebenfalls leistungsorientiert
- Gestaffelte Rechnungen (ein kurzfristiges Zahlungsziel ist üblich, da die meisten Konditionen für Gehälter berechnet werden)

Nur eine gute Vorausplanung und eine dazu passende Budgetierung können einen Erfolg garantieren. In den meisten Fällen helfen die externen Dienstleister auch bei der Berechnung der Deckungsbeiträge, da dies deren bestes Argument ist.

VIII. Problemfälle

Problemfälle bestehen natürlich in jedem Feld, beispielsweise in der Planung, Durchführung oder Kontrolle. Hier soll ein Auszug der häufigsten möglichen Problemfälle angesprochen werden.

Speziell das Thema „Akzeptanz“ kann zu Problemen führen.

Problemfall Akzeptanz bei einer internen Lösung:

Hier können Probleme im Bereich der Motivation entstehen. Es kann vorkommen, dass die Mitarbeiter nicht in den gesamten Prozess mit eingebunden sind und teilweise gar nicht wissen für wen sie welche Arbeit mit welchem Erfolg leisten. Auch sollte die Arbeit dieser Abteilung von allen anderen Abteilungen akzeptiert werden.

Lösung:

Die Mitarbeiter müssen integriert werden. Die Zusammenarbeit und die gemeinsame Projektbearbeitung muss in den Vordergrund gestellt werden. Eine leistungsbezogene Vergütung sollte in Anbetracht gezogen werden (oder Differentiallohnsysteme). Weiterhin müssen diese Maßnahmen im Unternehmen kommuniziert werden. Die Prozesse müssen klar gestaltet und jedermann zugänglich und verständlich sein.

Auswirkung:

Die Chance, dass der Vertrieb die Arbeit der verkaufsfördernden Abteilungen akzeptiert ist höher, wenn diese leistungsbezogen honoriert werden. Speziell der Vertrieb, der ähnlich vergütet wird, wird hierfür Verständnis und Akzeptanz aufbringen, da er weiß, dass jeder unbrauchbare Termin nicht ausgezahlt wird.
Es besteht die Chance, dass die Mitarbeiter hierdurch höhere Leistungen erbringen, da dies auch hohe Vergütung bedeuten kann.

Doch Achtung: Leistungsorientierte Gehälter können für den Mitarbeiter zu Demotivation führen. Denn diese haben nun ein erhöhtes Gefühl der Unsicherheit, da sie nicht genau wissen, wie viel sie genau verdienen. Hier empfiehlt sich ein Differenziallohn-System, in welchem ein Grundlohn ausgezahlt wird und eine maximale (realistische und erreichbare) Ober- und Untergrenze definiert wird. Dies geschieht am Besten im Rahmen eines Zielvereinbarungsgespräches mit den Mitarbeitern.

Probleme der Zielvereinbarungsgespräche:

In Zielvereinbarungsgesprächen werden gemeinsam mit dem Mitarbeiter Ziele vereinbart. Die Gefahr besteht in der Unkenntnis des Mitarbeiters, was ein solches Gespräch ist. Nach dem Motto, „Jetzt werden Ziele vereinbart, die ich eh nicht erreichen kann und dann werde ich nur kritisiert", können diese Gespräche erneut zu einer mangelnden Akzeptanz führen.

Lösung:

Der Unterschied zwischen dem Zielvorgabegespräch und dem Zielvereinbarungsgespräch muss klar kommuniziert werden. In der Vorgabe werden in der Tat von der Führungsebene Ziele vorgegeben, deren Erreichbarkeit subjektiv fragwürdig erscheinen kann.

In der Zielvereinbarung wird im Dialog mit dem Mitarbeiter ein Zielhorizont definiert, welcher dann für eine definierte Periode verbindlich ist.

Diese Lösung zeigt, dass die Akzeptanz durch stetige (interne) Kommunikation erhöht werden kann. Letztendlich geht es auch im Unternehmen darum, Konzepte zu verkaufen. Somit steht auch intern der Dialog als Verkaufsförderung im Mittelpunkt. Dies bezieht sich auch auf die Frage nach dem Kunden in Kapitel IV, A. Manchmal sitzt der Kunde tatsächlich im eigenen Unternehmen (und wenn es der Vorstand ist, welcher die Ressortbudgets abnimmt und freigibt).

Problemfall Akzeptanz bei einer externer Lösung:

Die meisten Akzeptanzprobleme im Falle einer ausgegliederten externen Lösung können bei dem Vertrieb entstehen. Dieser kann sich bevormundet fühlen. Weiterhin entstehen Probleme der Transparenz und des Vertrauens in die externe Agentur.

Lösung:

Hier sind die Lösungsvorschläge ähnlich wie bei der internen Lösung. Zuerst muss ein interner Dialog stattfinden, in welchem alle Beteiligte sehen, dass sie unterstützt werden sollen. Hier kann die leistungsorientierte Bezahlung erneut helfen. Denn der Vertrieb erhält nach wie vor die Möglichkeit, Termine zu akzeptieren oder auch nicht wahr zu nehmen.

Problemfall „Messbarkeit“

Die Messbarkeit des Erfolges einer Verkaufsförderung mittels beispielsweise des Dialog-Marketings ist ein weiterer Problemfall. Denn der Erfolg kann sich teilweise erst nach einem mittel- bis langfristigen Zeitraum ergeben. Empfohlen werden könnte beispielsweise die Return on Invest-Rechnung.

Die Kundenzufriedenheit ist dagegen noch schwerer messbar, obwohl dies ein wesentlicher Einflussfaktor des Erfolgs ist. Denn nur wenn der Kunde zufrieden ist, entstehet auch eine positive Wertbildung, es sei denn, man befindet sich in einer Monopolstellung.[29]

Lösung:

Neben der Messbarkeit daran, ob die Kosten gedeckt werden, sollte der Dialog zu den Kunden gesucht werden und hier die Zufriedenheit eruiert werden. *Denn nur der Kunde entscheidet über die Wertigkeit der Produkte und Dienstleistungen!*

IX. Epilog

Verkaufsförderung Praxis – so heißt dieses Werk. Doch aus dem Untertitel wird sehr schnell klar, dass es hier nicht um Wundermittel zur Steigerung des Verkaufserfolges geht, sondern der Dialog im Mittelpunkt steht.

Der Dialog ist im Vergleich zum Monolog ein wirkungsvolles Werkzeug. Der Monolog, wie er in Anschreiben zu Informationsbroschüren oder Emails stattfindet, kann den Ansprechpartner wahrscheinlich nie zu 100% aktivieren.

Der Dialog – die zweiseitige Kommunikation – ist der Schlüssel zum Erfolg. Das ist heute schon lange nichts Neues mehr... aber es wird dennoch nur halbherzig eingesetzt. Dabei kann der gesamte Erfolg der Verkaufsförderung auf eben diesem Dialog beruhen. Dies ist der Dialog zwischen dem Unternehmen und den Kunden. Aber auch der interne Dialog ist höchst brisant und wichtig.

Wie man den Dialog nun umsetzt, ist individuell abzuwägen. In vielen Fällen kann z.B. eine Ausgliederung Risiken und Kosten minimiert und den eigenen Mitarbeitern eine Motivationsgrundlage liefern – sofern die Ausgliederung von allen Teilnehmern des Prozesses akzeptiert wird. Und auch hierfür ist der Dialog wichtig... denn Dialog kann Akzeptanz schaffen.

Wer seinen Kunden zuhören kann und deren Einstellungen und Bedürfnisse umsetzen kann, der wird wahrscheinlich erfolgreicher sein, als der „taube und blinde“ Unternehmer.

Der Satz, dass die Hälfte aller Marketingmaßnahmen rausgeworfenes Geld ist – man müsste nur wissen, welche Hälfte dies ist – trifft nicht unbedingt auf das Dialog-Marketing zu. Die Verkaufsförderung, die in der Praxis durch den Dialog unterstützt und gefördert wird, liefert meist einschätzbare Resultate.

Angefangen mit den Informationen zu jeden einzelnen Kontakt über die Bedürfnissen und Einstellungen eines jeden Ansprechpartners: den persönlichen Informationen und den gewonnenen Einschätzungen kann man sehr häufig aktuelle Trends und auch Fakten entnehmen.

Der Dialog sollte somit eine Analyse der aktuellen Lage bieten.

Im besten Fall ergibt die Analyse einen konkreten Bedarf und Termine werden generiert. Doch um diese Termine in erfolgreiche Geschäfte umzusetzen, bedarf es erneut des Dialoges. Der Dialog steht auch nach dem Termin und selbst nach dem Geschäft im Mittelpunkt, denn dieser Dialog fördert die persönliche Bindung an das Unternehmen. Und dies wiederum verspricht eine nachhaltige Verkaufsförderung.

Planung – Realisation – Kontrolle. Diese Wörter sind in diesem Werk sehr häufig gefallen. Denn nur eine gut geplante Strategie führt zu einem gut vorbereiteten Konzept und dies zu einem erfolgreichen Projekt. Die Planung wird bestenfalls durch den Dialog verwirklicht, denn nur der Kunde kann bestimmen, was er bedarf. Warum Prognosen wagen, wenn man den Kunden fragen kann? Die Realisation wird durch die Verkaufsförderung mit dem Dialog-Marketing als leistungsfähiges Werkzeug umgesetzt. Doch auch die Kontrolle ist ein wichtiges Element im Prozess. Wieder einmal ist die Kontrolle durch den Dialog optimierbar. Denn warum sollte man Vermutungen über den Erfolg anstellen, wenn man den Kunden direkt fragen kann?

Die Verkaufsförderung in der Praxis kann also nicht auf den Dialog mit dem Kunden und den internen Dialog zu den Mitarbeitern verzichten.

Ganz im Gegenteil:

Mit dem Kunden im Dialog gelangt man zum Erfolg!

X. Anhang

Gesprächsmusteranalyse

Diese Gesprächsmuster sind stark vereinfacht. Sie sollen lediglich als Grundlage für ein mögliches Gespräch dienen.

Beispielfall: Outgesourctes Dienstleistungsunternehmen ruft im Namen des Auftraggebers IT-Abteilungsleiter an, um den Bedarf an einer neuen Software für Dokumenten-Management zu eruieren. Zielgruppe: Speditions-Unternehmen ab 1.000 Mitarbeiter. Diese Ansprechpartner sind generell schwieriger zu erreichen, da sie mit Meetings und Problemen ausgelastet sind. Die fachliche Kompetenz dieser Menschen ist meist sehr hoch, und bezieht sich auf Fallwissen und weniger auf theoretisches Wissen. Das Thema ist schwierig, da der Markt mit diesen Produkten eigentlich schon gesättigt ist.

Erreichbarkeit des Ansprechpartners:

Erreichbarkeit:

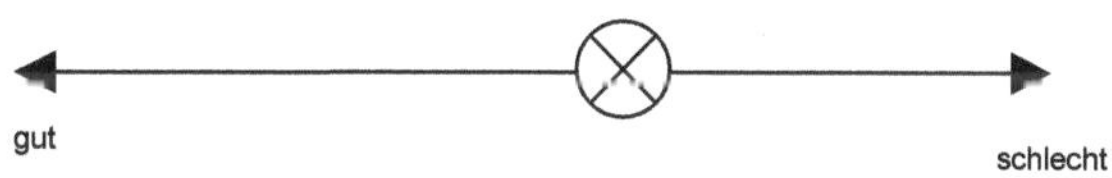

Die Ansprechpartner sollten nach dem fünften bis neunten Versuch Zeit für ein Gespräch haben. Vorgespräche mit Assistenten mit eingeschlossen.

Schwierigkeit des Gespräches:

Schwierigkeit:

Die Gespräche sind relativ schwierig, da diese Produkte relativ häufig angeboten werden und die meisten Unternehmen Ihre Dokumente bereits digital verwalten.

Schönen Guten Tag. Mein Name ist Mustermann von der Musterfirma. Herr XX, ich bin im Internet auf Sie aufmerksam geworden, da Sie als Spedition sicherlich ein hohes Volumen an Dokumenten zu managen haben. Setzen Sie hierfür bereits ein digitales Verwaltungsprogramm ein?

***Erklärung:** Die Begrüßungsformel sollte freundlich, aber nicht „automatisch" sein. Der Angerufene soll das Gefühl bekommen, dass er der Einzige ist, der an diesem Tag angerufen wird (und nicht der zwanzigste). Namen und Firma nennen, damit der Ansprechpartner weiß, mit wem er es zu tun hat.*

***Erklärung:** Den Grund des Anrufes nennen und sagen, warum man den Ansprechpartner kontaktiert und wie man auf ihn gekommen ist.*

***Erklärung:** Sehr wichtig ist die Einstiegsfrage, welche den Ansprechpartner aktiviert, ohne ihn dabei abzuschrecken.*

Antwort des Ansprechpartners: Da muss ich Sie enttäuschen. Wir haben da bereits ein System im Einsatz. Das habe ich selber eingeführt.

Ich verstehe. Wenn Sie dieses System eingeführt haben, dann ist es sicherlich auch intuitiv für Dritte zu bedienen und frustrationsfrei. Welches System nutzen Sie denn?

Nun gilt es, den Ansprechpartner zu spiegeln. Seine Kurz-angebundenheit zu nutzen und mit ihm in den Dialog einzusteigen.

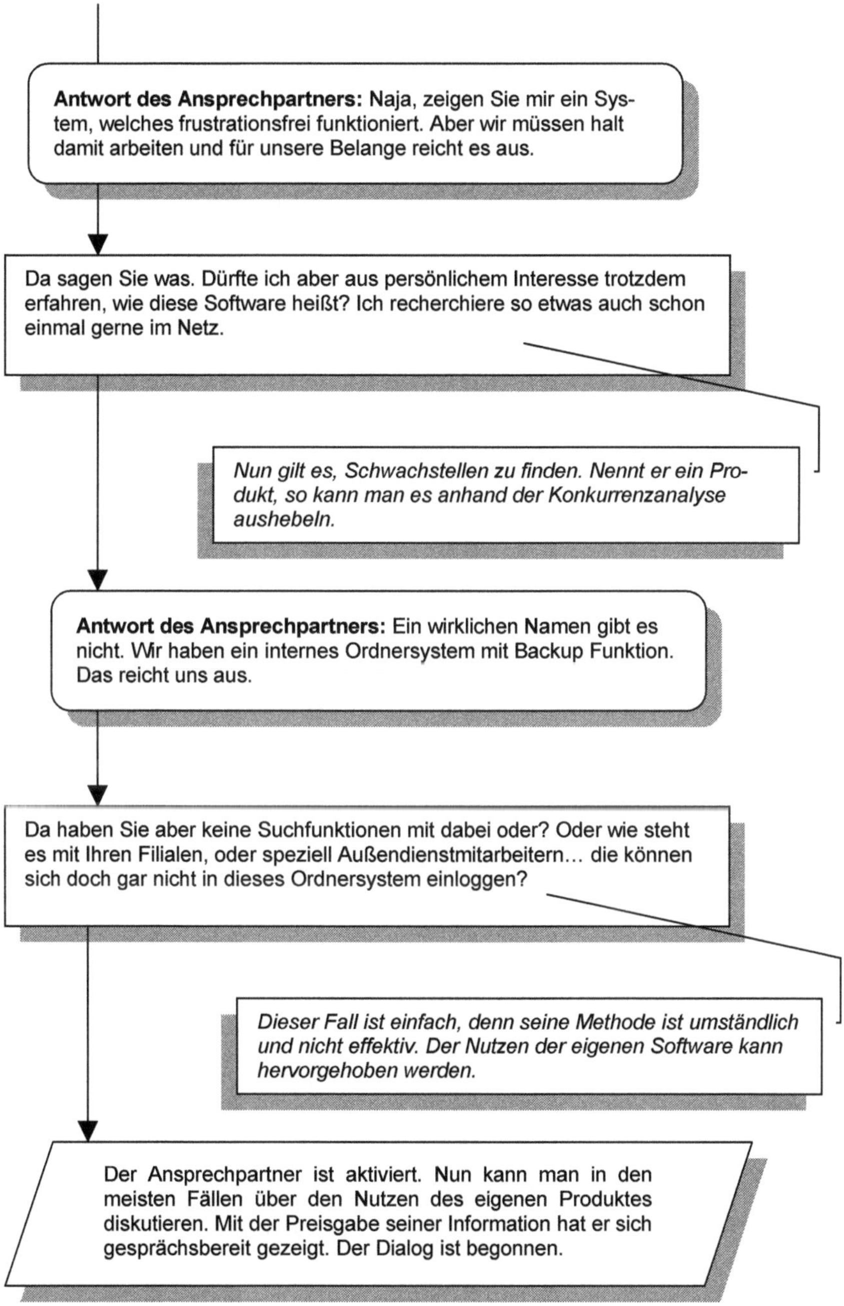

Abbildung 40: ***Beispielgespräch und Analyse***

Aus der obigen Abbildung geht hervor, dass es wichtig ist, zum einen dem Ansprechpartner zuzuhören und zum anderen, eine klare Richtung zu verfolgen.

Man darf sich nicht durch Bemerkungen wie „Haben wir schon" oder „Brauchen wir nicht" aus der Ruhe bringen lassen. Mit einer freundlichen Beharrlichkeit kann man viel erreichen.

Das Nächste ist es, die Nutzen des eigenen Produktes oder der Dienstleistung gut zu kennen und auch dafür argumentieren zu können. Hierfür lohnt es sich, eine Konkurrenzanalyse durchzuführen, da man so die Schwachstellen der anderen Anbieter ganz klar im Dialog ansprechen kann.

Wenn man weiß, was bei dem Ansprechpartner nicht funktioniert, kann man hierüber schnell das Gespräch beginnen. Generell ist jeder Eisbrecher erlaubt. Die Möglichkeit, über die Probleme mit den eingesetzten Produkten zu sprechen, eröffnet die Gelegenheit dem Ansprechpartner das Bild eines kompetenten und erfahrenen Anrufers zu vermitteln. Je mehr der Ansprechpartner dieses Bild von dem Anrufer hat, umso eher wird er auch bereit sein, in den Dialog einzusteigen.

Weiterhin ist es wichtig, eine gewisse Konsequenz an den Tag zu legen. Das bedeutet, dass man zum Beispiel mit genügend Selbstvertrauen auch einmal selber kurz angebunden wird. Schließlich ist man selber nicht irgendwer, sonder jemand mit einem ganz genauen Anliegen.

Diese Tipps funktionieren natürlich nur bei den entsprechenden Produkten oder Dienstleistungen und der richtigen Zielgruppe. Daher empfiehlt es sich, gut vorbereitet in die Schlacht zu ziehen. Auf der umliegenden Seite befindet sich eine Checkliste, mit einigen praktischen Tipps, die benötigt werden könnten, um ohne Sorgen den Dialog zum Kunden zu suchen:

Check-Liste

Ist die Zielgruppe bekannt:

- ☑ Sind die Bedürfnisse der Ansprechpartner bekannt?
- ☑ Sind die üblichen eingesetzten Systeme bekannt?
- ☑ Sind die Meinungen und die persönlichen Einstellungen einschätzbar?
- ☑ Ist die finanzielle Lage der Branche bekannt?
- ☑ Sind sonstige aktuelle Themen oder Probleme der Zielgruppe bekannt

Ist die Konkurrenz analysiert worden:

- ☑ Sind die Schwachstellen und Probleme der Konkurrenz bekannt?
- ☑ Sind die Preisunterschiede bekannt?
- ☑ Sind die neuesten Versionen oder Pläne der Konkurrenz bekannt?
- ☑ Hat man alle aktuellen Meldungen mitverfolgt?
- ☑ Kennt man den Markt in den man einsteigt?

Ist das eigene Produkt verinnerlicht:

- ☑ Sind alle Vorteile und Nutzen bekannt?
- ☑ Sind alle Beispiele aus der Praxis und alle Referenzen bekannt?
- ☑ Kann man auch technische oder tiefergehende Gespräche führen?
- ☑ Ist man in der Lage, Parallelen zu finden und das eigene Produkt gut zu platzieren?
- ☑ Weiß man, wie man um etwaige Schwachstellen manövrieren kann?

Sind die Beziehungen zu dem Vertrieb aktualisiert:

- ☑ Sind alle Terminmöglichkeiten bekannt?
- ☑ Sind alle Routenmöglichkeiten bekannt?
- ☑ Sind etwaige Zweittermine in der gleichen Region möglich?
- ☑ Wie lange braucht man von dem einen Termin zum anderen?

Speziell wenn man das Dialog-Marketing ausgliedert, ist der letzte Hauptpunkt besonders wichtig.

Die Möglichkeiten einer gemeinsamen Kommunikations-Plattform, welche diese Informationen den richtigen Personen zur richtigen Zeit zur Verfügung stellt, wurde bereits mehrfach in diesem Buch beschrieben.

Gerade die innerbetriebliche Kommunikation und die Kommunikation mit den outgesourcten Dienstleistern muss an vorderster Stelle stehen. Somit kann Akzeptanz für das Projekt gewonnen werden und jedes Mitglied des Prozesses kann sich darüber sicher sein, dass er oder sie nicht übergangen werden.

Somit beruht der Erfolg der Verkaufsförderung zwischen Unternehmen und Kunden nicht nur auf dem Dialog mit dem Kunden, sondern auch auf den internen Dialog.

Mit einem ernst gemeinten Dialog sind die Weichen für eine erfolgreiche Verkaufsförderung gestellt.

Hinweis

In diesem Buch ist immer von beispielsweise *dem Vertriebsleiter*, *dem Mitarbeiter* oder *dem Kunden* die Rede. Selbstverständlich soll niemand ausgegrenzt werden – generell liegt es dem Autor fern, eine solche Ausgrenzung vorzunehmen. Somit ist auch immer beispielsweise die Vertriebsleiterin, die Mitarbeiterin oder die Kundin gemeint.

Es wurde speziell in dem konjunkturell schwachen Jahr 2002 sehr viel von allen Beteiligten geleistet und viele Erfolge sind einem guten Teamgeist und einem persönlichen uneingeschränkten Engagement zu verdanken!

Danksagungen:

Ich danke in erster Linie meinen Eltern und meinem Bruder, welche mich für die Welt der Wirtschaft begeistert haben, in der Selbständigkeit unterstützten und in mir einen gesunden Grad an Ehrgeiz bewogen haben.

Herzlichen Dank Herrn Rogge und meinen Kollegen der Firma Tecmacon GmbH, welche mich jeden Tag inspirierten.
Besten Dank an Victoria Pohl-Sitzler, für das ausführliche Lektorat und die Änderungsvorstellungen, sowie die Zeit, die sie sich genommen hat. Herzlichen Dank an Christian Kühn, für das Lektorat und die Vorschläge bezüglich der Budgetierungsansätze.
Ich danke weiterhin den Professoren der Fachhochschule Aachen, welche gerne meine Fragen ausführlich beantworteten.
Ich danke Herrn Koch, welcher mich maßgeblich unterstützte und Herrn Marc Kiecok, meinem Designer und Graphiker, welcher hervorragende Arbeit geleistet hat.
Und last but not least danke ich Magdalena Barbara Teresa Geigenberger, welche mich oft genug von dem Buch abgehalten hat, um die nötige kritische Distanz zu wahren.

Der Tipp im Anhang:

„Keep it simple"

- **Hierarchien abbauen – eigenmächtige Verantwortungsbereiche aufbauen!**
- **Eindeutige Anweisungen geben, alle Beteiligten kurz und bündig informieren!**
- **Akzeptanz schaffen!**
- **Lieber ein guter Plan heute, als ein perfekter Plan morgen!**
- **Bürokratie vermeiden!**
- **Transparent kommunizieren!**
- **Meetingzeiten kürzen, dafür Pausen kommunikativ im Austausch nutzen!**
- **Disziplinen belohnen und selber als bestes Beispiel vorangehen**

XI. Abbildungsverzeichnis

Tabellen:

XII. Literaturhinweise

Ahlert, D.: *Distributionspolitik.* 3. Aufl., UTB für Wissenschaft, Stuttgart 1996.

Bea, F. X., Haas, J.: *Strategisches Management.* 3. Aufl., Lucius u. Lucius Uni-TB. GmbH., Stuttgart, 1997.

Becker, J.: *Marketing-Konzeption: Grundlagen des strategischen Marketing-Managements.* 4. Aufl., Verlag Vahlen, München 1992.

Caroselli, M.: *One-to-One for Sales Professionals. Scripts for Achieving Success in the Marketplace.* Alpha Books, Indianapolis, 2001.

Hax, A.C.; **Majluf, N.S.**: *Strategisches Management.* Prentice Hall, Frankfurt/M., New York 1991.

Herbst, D.: *Public Relations.* 1. Aufl., Cornelsen Girardet, Berlin, 2000.

Herzberg, F./Mausner, B.M./Snydermann, B.B.: *The Motivation to work.* 2. Aufl., John Wiley & Sons, New York, 1959.

Jugel, S.: *Ansatzpunkte einer Marketingkonzeption für technologische Innovationen.* Verlag Metzler, Stuttgart.

Jung, H.: *Personalwirtschaft.* 4. Aufl., Oldenburg Wissenschaftsverlag GmbH, München, 2001.

Koppelmann, U.: *Beschaffungsmarketing.* 3. Ausgabe, Springer, Heidelberg, 2000.

Kuhlmann, A., Königsmann, T.: *Ansätze zur bedarfsgerechten Informationsverteilung.* (Symposium Publishing GmbH, Düsseldorf – Informationslogistik) Hrsg.: Wolfgang Deiters, Carsten Lienemann, 2001.

Meffert, H.: *Marketing - Grundlagen marktorientierter Unternehmensführung*. 8. Aufl., Wiesbaden 1998

Meffert, H.: *Marketing*. Dr. Th. Gabler Verlag, Wiesbaden, 2000.

Pleschak, F. und Sabisch, H.: *Innovationsmanagement*. Uni-TB. GmbH., Stuttgart, 1996.

Porter M.E.:Wettbewerbsstrategie *(Competetiv Strategy) – Methoden zur Analyse von Branchen und Konkurrenten*. 7. Aufl., Frankfurt/Main, New York, 1992.

Schulz von Thun, F.: *Miteinander reden. Band 1: Störungen und Klärungen: allgemeine Psychologie der Kommunikation.* Rowohlt, Hamburg, 1997.

Schulz von Thun, F.: *Miteinander reden. Band 2: Stile, Werte und Persönlichkeitsentwicklung: differentielle Psychologie der Kommunikation.* Rowohlt, Hamburg, 1997.

Sprenger, R. K.: *Mythos Motivation Wege aus einer Sackgasse.* 15 Auflg., Campus Verlag, Frankfurt/Main: 1998.

Steinmann, H.; **Schreyögg, G.**: *Management.* 3. Aufl., Dr. Th. Gabler Verlag, Wiesbaden, 2000.

Vroom, V.H.: *Work and Motivation.* New York/London/Sydney, 1964.

Zemke, R. und Gitomer, J.: *Wahnsinnsverkauf.* Campus Verlag, Frankfurt am Main, 1999.

XIII. Endnotenverzeichnis

[1] Schulz von Thun, F.: *Miteinander reden.* Rowohlt, Hamburg, 1997

[2] Becker, J.: Marketing-Konzeption: Grundlagen des strategischen Marketing-Managements. 4. Aufl., Verlag Vahlen, München 1992.

[3] Meffert, H.: Marketing - Grundlagen marktorientierter Unternehmensführung. 8. Aufl., Wiesbaden 1998.

[4] Laut einer Studie des Online-Dienstes von Ecin: „Der direkte Draht zum Kunden – die Zukunft von E-Mail-Marketing im Kommunikationsmix deutscher Unternehmen" von eCircle

[5] Anm. d. Autors: In meinen frühen selbständigen Jahren musste ich ein Team von eben diesen Azubis für ein IT Unternehmen trainieren. Diese Ausbildung dauerte sechs Monate inkl. Trainer eines Opernsängers. Gebracht hat diese halbjährige Ausbildung meiner Meinung nach nichts. Nach wenigen Wochen kündigte ein Teammitglied nach dem anderen, da man des Nachts Angstausbrüche und Weinkrämpfe bekommen hatte.

[6] Vgl. Dr. Caroselli, M.: One-to-One for Sales Professionals. Scripts for Achieving Success in the Marketplace. Indianapolis Alpha Books 2001.

[7] Vgl. auch Marktstudie von Oliver S. Schulz im Namen der Tecmacon GmbH: Cross Media Publishing, bla bla bla

[8] Vgl. Kuhlmann, A., Königsmann, T.: Ansätze zur bedarfsgerechten Informationsverteilung Symposium Publishing GmbH, Düsseldorf – Informationslogistik Hrsg.: Wolfgang Deiters, Carsten Lienemann 2001

[9] Vgl. Jung Motivation

[10] Vgl. Sprenger, R. K.: Mythos Motivation Wege aus einer Sackgasse. 15 Auflg., Campus Verlag, Frankfurt/Main, 1998

[11] Vgl. Zemke, R., Gitomer, J.: Wahnsinnsverkauf. Frankfurt/Main: Campus 1999

[12] Jung, H.: Personalwirtschaft. 4. Aufl., Oldenburg Wissenschaftsverlag GmbH, München, 2001., S. 361

[13] Jung, H.: Personalwirtschaft. 4. Aufl., Oldenburg Wissenschaftsverlag GmbH, München, 2001., S. 361

[14] Jung, H.: Personalwirtschaft. 4. Aufl., Oldenburg Wissenschaftsverlag GmbH, München, 2001., S. 363

[15] Vgl. Vroom, V.H.: Work and Motivation, New York/London/Sydney 1964

[16] Vgl. Herzberg, F./Mausner, B.M./Snydermann, B.B.: The Motivation to work (2nd Edition) New York: John Wiley & Sons 1959

[17] Vgl. Herzberg, F./Mausner, B.M./Snydermann, B.B.: The Motivation to work (2nd Edition) New York: John Wiley & Sons 1959

[18] Auszug aus dem Dienstleistungsspektrum der Tecmacon GmbH, Stand III Q 2002

[19] Vgl. Hax, A.C.; Majluf, N.S. (1991): Strategisches Management, Frankfurt/M., New York, 1991

[20] Vgl. Porter M.E. Wettbewerbsstrategie (Competetiv Strategy) – Methoden zur Analyse von Branchen und Konkurrenten. 7. Auflage Frankfurt/Main, New York 1992

[21] Im Kontext der Interpretation von Prof. Dr. Mark Ebers, Inhaber des Lehrstuhls für Unternehmensführung und Organisation, Universität Augsburg

[22] Vgl. Koppelmann, U.: Beschaffungsmarketing, 3. Ausgabe, Springer, Heidelberg, 2000.

[23] Hax, A.C.; Majluf, N.S. (1991): Strategisches Management, Frankfurt/M., New York, S. 104

[24] Steinmann, H.; Schreyögg, G.: Management, 3. Aufl., Wiesbaden, 1993, S. 151 ff..

[25] Vgl. Bea, F. X. / Haas, J. (1997): Strategisches Management. 2. Auflage. Stuttgart, 1997.

[26] Ceteris paribus = alles Andere gleich bleibend

[27] Angenommene Zielgruppe: Mittelständige Unternehmen, 10-100 Mitarbeiter. Möglicher Ansprechpartner: Fachabteilungsleiter mit einem Ressort von bis zu 5 Mitarbeiter.

[28] Herbst, D.: Public Relations. 1. Aufl., Cornelsen Girardet, Berlin, 2000, S. 170 ff.

[29] Dies wird auch in der sog. Doppeltgeknickten Preis-Absatzfunktion angenommen. Es gibt den so genannten monopolistischen Bereich, in welchem die Kunden dem Unternehmen treu bleiben. Selbes gilt mit der Zufriedenheit der Kunden. Es besteht ein gewissen Spielraum der Zufriedenheit, welcher ausgenutzt werden kann. Ein Kunde springt im Regelfall nicht gleich bei der ersten Unzufriedenheit ab. Dies kann auch als Akquisitorisches Potenzial bezeichnet werden. Vgl. Dr. Th. Gabler GmbH: Business Guide. Betriebswirtschaftlicher Verlag, Wiesbaden, 2002

Anzeige

Help e.V. hilft Dir zu helfen. Hast Du Zeit für andere?
Weitere Infos: Telefon (02 41) 60 24 26 oder www.helpev.de
Wir verschenken Zeit!
HELP.
hilft helfen
HELP e.V. ist eine Gruppe von Schülern, Studenten und jungen Berufstätigen, die anderen mit Besuchen oder Kontakten helfen. Jeder arbeitet ehrenamtlich. Und das Wichtigste: Bei HELP kann jeder mitmachen!

Auf der letzten Seite noch einmal die Kontaktangaben des Autors:

Service **N**etwork **O**liver S. **S**chulz

www.senos.de

Wir freuen uns auf Ihr Feedback, Diskussionen und Anfragen!